# ◈ トルコ料理とは

　トルコ料理と聞くと、大きなドネルケバブやのびるアイスクリームなどが思い浮かんだり、肉ばかり食べていそう、スパイシーで辛そうといったイメージを持ったりしている人も多いかもしれません。なぜトルコ料理が世界三大料理に入っているの⁉と疑問に思われている人もいるのではないでしょうか。

　まず、トルコ料理の特徴を一言で言うと、とてもヘルシーな料理です。

　こう聞くと驚かれるかもしれませんが、ケバブなどの肉料理以上に、野菜やヨーグルト、オリーブオイルなどを多用した健康的な料理が豊富です。基本的にケバブ料理は家庭で調理することはほとんどなく、専門店でウスタと呼ばれる職人たちが焼き上げたものを食べます。一方、家庭料理の多くは野菜中心。意外にもベジタリアン料理が豊富で、日本人のように米や魚介類も食します。レストランでも、メゼと呼ばれる野菜や豆やヨーグルトを使った前菜を楽しんだりします。

　スパイスも使いますが、種類はさほど多くありません。料理の多くが赤い色みを帯びているために辛そうというイメージを持たれることが多いのですが、ほとんどの場合、その赤みはトマトやサルチャに起因するもの。小さな子どもでもおいしく楽しめる料理がほとんどです。

　トルコ料理がヘルシーな所以は、何よりもトルコが地理的に大変恵まれていることにあるといえます。4つの海に囲まれた広大で豊かなアナトリアの大地で野菜、果実、穀物、ナッツ、オリーブなどが生産されるため、トルコは自給率100％を超える世界有数の食料生産国なのです。

　民族的、宗教的、歴史的な背景も重要な要素

です。トルコにはサルチャ、ブルグル、ペクメズ、ザクロソースなどの優れた保存食品があり、料理にも多用されます。トルコ料理に欠かせないヨーグルトも、トルコ人のルーツである遊牧民族が生乳より保存性にすぐれた食材として作るようになったともいわれています。

　国民の大多数がイスラム教徒なので、基本的に豚肉は食べません。飲酒をしない人も多いため、おのずと嗜好品となりうるのはお菓子類に。シロップがしたたるほどに甘く作られたものが多く、それらをチャイやトルココーヒーを飲みながら楽しみます。イスラム世界の食文化の影響もあり、ペルシア語やアラビア語に由来する料理名も多くあります。ただ現代のトルコでは、信仰は個人の意思を尊重し個々に委ねられているため、魚料理を食べながらラクという蒸留酒を飲んだり、ワインの生産が行われていたりします。

　そして、忘れてはいけないのが、オスマン帝国の存在です。シルクロードを経て東西の食文化がイスタンブールで交わり、そこに宮廷料理の洗練されたエッセンスが加わることで、現在に通じるトルコ料理の基礎が築かれました。現代のトルコの家庭料理は、家庭料理でありながら宮廷料理のような華やかさを持ち合わせたものがいくつもあり、そのどれもが完成された料理であったために、当時の形そのままに現代に受けつがれています。

　食事の流れとしてはスープからはじまり、パンと一緒に野菜の冷菜・温菜、そして肉か魚のメイン料理を食べ、最後はスイーツとチャイでしめるという形です。

　トルコの代表的な料理や調理法には右のようなものがあります。

### ケバブ

トルコでは主に肉を焼いた料理の総称です。有名なドネル・ケバブ以外にも、串に刺したシシ・ケバブなどいくつもの種類があります。多くの場合は専門店で食します。家庭料理でも肉を焼いたり煮込んだりした料理をケバブと呼んだりもします。

### キョフテ

団子料理の総称。もっとも有名なのは、味つけした牛または羊ひき肉を小さなハンバーグのように丸めて焼くウズガラ・キョフテ。ほかにも肉団子のようなものや、魚のミンチやブルグル、野菜などで作った団子料理もキョフテと呼びます。

### ドルマ

トルコ語で「詰める」という意味で、味つけした米を野菜などに詰めて煮た料理。ピーマン、玉ねぎ、トマト、なす、ズッキーニ、鶏肉、魚介類、花などを使った多彩なドルマがあります。具には肉を加える場合と加えない場合があります。

### サルマ

トルコ語で「包む」という意味。ぶどうの葉やキャベツ、ケールなどで、ドルマと同じように味つけした米やブルグルを包んで煮た料理を指します。肉入りと肉なしがあり、肉なしで作ったものは冷菜として食べられたりもします。

### ピラフ

ピラフはトルコ語の「ピラウ(Pilav)」が語源といわれています。米やブルグルなどがあり、いずれも油で炒めて塩で味つけして炊きます。野菜や肉、魚介、ドライフルーツ、ナッツなどを加えることも。主食としてではなく、副菜やつけあわせとして楽しみます。

### ボレッキ(ボレイ)

ユフカという小麦粉と水と塩で作った極薄生地を使って作るペストリー。野菜やチーズ、ひき肉などと一緒に、揚げたり焼いたりします。朝食やティータイムにチャイと一緒に楽しむことが多いです。

上から串(シシ)に刺して焼くシシ・ケバブ。団子状の肉を焼いたキョフテ。代表的なドルマ、ピーマンのドルマ。キャベツで米とひき肉を巻いたサルマ。米を炒めて炊いたピラウ。一見春巻にも似た、揚げたボレッキ。

# ◆ トルコごはんに使われる食材

## 小麦・米

### ブルグル
Bulgur

ひき割り小麦とも呼ばれ、湯通しした小麦を乾燥させた保存食です。製造過程で湯通ししているので、洗わずに使うことができ、お湯でもどして食べられます。水分を多く含んでも粒がしっかりしているので、米よりも使いやすい食材です。本書では細びき（トルコ語でKöftelik Bulgur）と粗びき（トルコ語でPilavlık Bulgur）を使用しています。

### 米
Pirinç

トルコはパンが主食ですが、鍋で米を炊いたピラフも副菜としてよく食べます。ピラフの語源はトルコ語のピラウ（Pilav）とも言われています。米の種類はいくつかありますが、多くが日本と同じ短粒米です。本書では粒が大きくしっかりしているイタリア原産のバルド米を使用しています。日本米で代用可能です。

### 小麦粉／セモリナ粉
Un / İrmik

トルコでは小麦粉は日本のように種類分けされておらず、袋に記載されているたんぱく質の含有量を見て購入します。日本でいう薄力粉は少なく、多くが中力粉や強力粉です。本書の中力粉はたんぱく質9.2%のものを使用しています。デュラムセモリナ小麦を粗びきにしたセモリナ粉も一般的に使われます。

細びき　　　粗びき

バルド米

粗びきのセモリナ粉

### コーンフラワー
Mısır Unu

とうもろこしをひいたパウダー状のとうもろこしの粉です。コーンフラワーより粒が粗いものがコーンミール。どちらも淡いクリーム色をしています。トルコ料理では魚のフライの衣やコーンブレッドを作るために使われたりします。

### ユフカ／ラヴァシュ
Yufka/Lavaş

ユフカは小麦粉と水と塩のみで作る無発酵の大きな薄焼き生地です。野菜やひき肉、チーズなどの具材と一緒に焼いたり揚げたりして食べます。ユフカより小さく厚めの薄焼きパンをラヴァシュといい、ケバブを巻いて食べたりします。どちらもユネスコ無形文化遺産に登録されています。本書では春巻の皮やフラワートルティーヤで代用しています。

ユフカ

ラヴァシュ

## 豆類

### レンズ豆
Mercimek

スープ、煮込み料理、サラダなどに幅広く使われる乾燥豆です。皮つきのものは褐色で煮くずれしにくく、皮なしのものは鮮やかなオレンジ色をしていて、赤レンズ豆と呼ばれます。本書では皮なしの赤レンズ豆を使用しています。

赤レンズ豆

### 白いんげん豆
Kuru Fasulye

トルコではどの家庭にも常備されている白い乾燥豆です。通常は浸水させてから調理します。これを使って作るクルファスリエという煮込み料理はトルコのおふくろの味といえるような存在です。本書では手軽に作れるように水煮缶を使います。

乾燥豆　　　　　　　水煮

## 乳製品

### ヨーグルト
Yoğurt

実はヨーグルト発祥の国はトルコ。それもあり消費量は世界一です。日本のヨーグルトより濃厚なのが特徴です。スーパーにはバケツ大のヨーグルトが並び、家庭の冷蔵庫にも必ずヨーグルトがあります。日常的にあらゆる料理に無駄なく活用します。ヨーグルトを手作りする家庭も多く、牛乳屋からキロ単位で生乳を買って大鍋で煮て作ります。本書ではプレーンヨーグルトとギリシャヨーグルトを使用しています。

プレーンヨーグルト　　ギリシャヨーグルト

### カイマク
Kaymak

クロテッドクリームに似ているクリーム状の乳製品です。濃厚な水牛のカイマクは特に人気が高く、朝食にはちみつと一緒にパンにつけて食べるのが絶品です。ほかにもシロップ煮などのスイーツに添えて食べたりもします。もちろんクロテッドクリームで代用可。

## 肉

国民の98〜99％がイスラム教徒といわれているトルコでは、一般の肉屋で豚肉は売っておらず、主に食べるのは、牛肉、羊肉、鶏肉、七面鳥です。ソーセージやハムなどの加工食品もこれらの肉から作られます。家庭料理でよく使われる牛肉と羊肉は、ひき肉とクシュバシュ（Kuşbaşı／鳥の頭）と呼ばれる1.5〜2cmの角切り肉が主流です。料理に合わせて脂の量を指定して買ったりもします。

# 野菜

### トマト
Domates

現代のトルコ料理に欠かせないトマト。いくつか種類がありますが、全体的に日本のものより大玉です。トルコではりんごのように皮をむいて使うことが多いですが、日本のトマトの場合は皮をむかなくてもかまいません。手軽に作るには、トマト水煮缶やトマトピューレで代用してもOK。

### ピーマン
Biber

トルコの食卓に欠かせない野菜のひとつ。種類がとても豊富で、店頭には常に形状の違う数種類のピーマンが並んでいます。料理や好みによって使い分けますが、日本のピーマンに似てぷっくりした形のものはドルマに使います。

### なす
Patlıcan

トルコのなすは日本のなすの数倍の大きさがあり、小ぶりなものでも日本の大サイズほど、大きなものでは長さが30cmくらいあります。大きいからといって決して大味ではなく、肉厚でジューシーな味わいです。トルコ料理ではなすを使った料理がたくさんあり、なすのジャムもあります。

### イタリアンパセリ
Maydanoz

トルコ料理の香りづけや青みとして頻繁に使われるハーブ野菜です。朝食ではそのまま食べたりもします。日本で一般的なパセリと違い、苦みがないので食べやすいです。

### ディル
Dereotu

幅広く料理に使われる香り高いハーブです。イタリアンパセリ同様に料理の香りづけや青みとして使われることが多く、特に魚料理とは好相性。ペストリーの生地に混ぜて焼いたりもします。

# スパイス

### プルビベル
Pul Biber

トルコ料理に欠かせない発酵粗びき唐辛子です。日常的に多くの料理に使います。日本の赤唐辛子ほど辛くなく、発酵させているのでうまみがあります。(韓国産などの) 粗びき唐辛子で代用可能です。

### スマック
Sumak

ウルシ科の植物から作られる酸味のあるスパイス。赤しそのふりかけによく似た風味です。サラダのアクセントにしたり、オニオンスライスとあえてケバブなどの肉料理のつけあわせにしたりします。

## 調味料

### サルチャ
Salça/Domates Salçası

アナトリアの太陽を浴びたトマトを煮詰め、天日干しして作る発酵調味料で、現代のトルコ料理には欠かせません。一般的なトマトペーストと違ってうまみがあり、コク深いのが特徴です。テクスチャーは日本の味噌に似ていますが、塩味はついていません。調理の際には炒めることでうまみをさらに引き出します。

### ビベルサルチャス
Biber Salçası

赤パプリカのペーストです。辛いもの(トルコ語でAcı/辛い)と辛くないもの(トルコ語でTatlı/甘い)があります。トマトペーストと混ぜて使うことで、味により深みと複雑さが増します。

### タヒニ
Tahin

生の白ごまから作られた白ごまペーストです。トルコをはじめ、中東で広く使われています。ごまを炒っていないので、日本の練りごまより香ばしさは控えめです。芝麻醬(チーマージャン)で代用可能です。

### ザクロソース
Nar Ekşisi

ザクロ果汁だけを煮詰めた無加糖の糖みつです。まろやかな酸味が料理を引き立てます。サルマの味つけやサラダなどに使われます。

### ペクメズ
Pekmez

ぶどうや桑の実などを煮詰めて作る無加糖の糖みつ。栄養価の高さからスーパーフードとも呼ばれていて、そのままスプーンで食べたり、また、パンにつけたり、飲み物に混ぜて飲んだり、菓子に使ったりします。グレープモラセスという名称で売られていることもあります。

### オレガノ
Kekik

肉や魚料理のにおい消しや風味づけとして使われます。野菜やチーズとも相性がよいです。トルコは世界有数のオレガノ産出国でもあります。

### ドライミント
Kuru Nane

ヨーグルトを使った料理によく使われ、さわやかな香りが特徴のスパイス。トルコではスペアミントが主流です。ミントティーの茶葉で代用可能です。

# ◆ この本の使い方

**分量について**

- 人数分はあくまで目安となります。
- 大さじ1は15ml、小さじ1は5ml、おたま1杯は約55ml、すり切りで計量しています。
- 料理の完成写真は、材料欄の分量より少ない量を盛りつけている場合があります。
- トルコでは米料理は副菜という扱いのため、ピラフなどのごはんものの1人分の量は日本の白ごはんに比べて少なめです。

**食材・調味料について**

- 砂糖はグラニュー糖を使用しています。
- 小麦粉は中力粉（たんぱく質9.2%）を使用していますが、薄力粉としているところは薄力粉を使っても仕上がりに大きく影響はありません。
- 塩の分量は目安です。お店のトルコ料理と比べると塩加減はやや控えめかもしれません。食材の状態や好みによって適宜調整してください。
- サラダ油と表記しているところではひまわり油を使用しています。オリーブオイルの代わりにサラダ油を使用してもかまいませんが、冷菜や野菜料理にはオリーブオイルを推奨します。
- 米はバルド米という短粒米を使用しています。日本米で代用可能です。
- ヨーグルトはプレーンヨーグルトとギリシャヨーグルト（いずれも無糖）を使いわけています。ギリシャヨーグルトは水きりしたプレーンヨーグルトで代用可能です。
- バターは特に記載のない場合、有塩を使用しています。
- 野菜の中サイズは、トマト150g（大サイズ200g）、玉ねぎ200g、じゃがいも150g、にんじん200g、なす70g、ズッキーニ250g、ピーマン40g、パプリカ150g、きゅうり150gが目安です。
- イタリアンパセリとディル、ミントは葉の部分のみを使用しています。
- ミントは、スペアミントとペパーミントのどちらを使用してもOKです。本書ではスペアミントを使用しています。ドライミントはミントティーの茶葉で代用可能です。
- 辛みを加えるプルビベルはトルコ家庭料理でよく使いますが、本書では基本的には入れていません。辛いものが好きな人はぜひ入れてみてください。粗びき唐辛子で代用できます。
- トマトは加熱する場合、トルコではよく熟した生のトマトを使用しますが、手軽に作るには市販のトマト水煮缶やトマトピューレを使用してもかまいません。
- サルチャの代用で使うトマトペーストは、できるだけ濃いものを使ってください（6倍濃縮推奨）。

**その他**

- トルコ語のカタカナ表記は、基本的には現地の発音に準じていますが、多くの国で食べられている料理、あるいは日本でも知られている料理については、もっとも一般的なカタカナ表記にしています。
- 料理名のカタカナ表記は、一部のトルコ語を省略している場合があります。
- 使用するオーブンや電子レンジによって、加熱時間が変わる場合があります。適宜調整してください。

# スープ & 野菜料理

Çorbalar & Sebze Yemekleri, Salatalar

# 花嫁のスープ

Ezogelin Çorbası *エゾゲリン・チョルバス*

料理名は、トルコに実在したエゾという名前のお嫁さんがお義父さんのために作ったことに由来します。
雑炊のような食べ応えで満足感のあるスープです。

### ◆ 材料（4人分）

赤レンズ豆（乾燥・皮なし／洗っておく）— 60g

米（洗っておく）— 大さじ1

ブルグル（粗びき）— 大さじ1

サルチャ — 大さじ1

  ＊トマトペーストで代用可

玉ねぎ（粗みじん切り）— 中½個

にんにく（みじん切り）— 1片

水 — 800㎖

オリーブオイル — 大さじ1

バター — 5g

A ┌ レモン汁 — 大さじ½
　├ ドライミント — 小さじ1
　├ 塩 — 小さじ1
　└ こしょう — 少々

### ◆ 作り方

1　鍋にオリーブオイルと玉ねぎを入れ、中火で炒める。玉ねぎがしんなりしたら、にんにくを加えて炒める。

2　にんにくの香りが立ってきたら、サルチャを加えて中火で炒める (a)。

3　米とブルグルを加えて混ぜ、水を注いでふたをして強火で煮る。

4　沸騰したら赤レンズ豆を加えて混ぜ、再びふたをして弱火で20分ほど煮る。

5　Aを加えてよく混ぜ、最後にバターを入れて混ぜる。

### ◆ memo

家庭によっては、できあがったスープをハンドブレンダーやミキサーなどで攪拌して、ポタージュ状にして食べたりもします。また、食べる時にプルビベル（または粗びき唐辛子）をふっても。

a

# 赤レンズ豆のスープ

Mercimek Çorbası　メルジメッキ・チョルバス

トルコでとても親しまれているスープです。トルコの発酵トマトペースト、
サルチャと赤レンズ豆がかもし出す味わいが、どこかお味噌汁を思い出すような奥深さ。

◆ 材料（4人分）

赤レンズ豆（乾燥・皮なし／洗っておく）— 130g

にんじん（さいの目切り）— 中⅓本

玉ねぎ（粗みじん切り）— 中½個

水 — 800ml

オリーブオイル — 大さじ1

サルチャ — 大さじ1

　＊トマトペーストで代用可

バター — 10g

塩 — 小さじ1¼

こしょう — 少々

レモン（くし形切り）— 適宜

プルビベル（または粗びき唐辛子）— 適宜

◆ 作り方

1　鍋にオリーブオイルと玉ねぎを入れて中火で炒める。玉ねぎが軽く色づく程度まで炒めたら、サルチャを加えてさらに炒める（a）。

2　赤レンズ豆とにんじんを1の鍋に加え、さっと炒めあわせる（b）。水を入れ、ふたをして強火で煮る。

3　沸騰したらあくを取りのぞき、再びふたをして弱火で10分ほど煮る。

4　野菜がやわらかくなったら火からおろし、ハンドブレンダーで撹拌して（またはミキサーにかけて）ポタージュスープ状にする（c）。とろみが強いと感じる場合は湯（分量外）を少し足して調整する。

5　再び中火にかけてバターを加え、塩、こしょうで味をととのえる。食べる時に、好みでレモンを搾ったり、プルビベルをふったりする。

  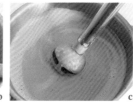

Part 1　スープ＆野菜料理

# トマトのスープ

## Domates Çorbası　ドマテス・チョルバス

材料は極力シンプルに。
トマトそのものの味わいを楽しめるトルコを代表するスープのひとつです。

### ◆ 材料（3〜4人分）

トマト — 大2個
　＊トマトの水煮缶400gで代用可
水 — 300ml
牛乳 — 100ml
薄力粉 — 大さじ1
オリーブオイル — 大さじ1
サルチャ — 大さじ1
　＊トマトペーストで代用可
バター — 10g
塩 — 小さじ¾
こしょう — 少々
ピザ用シュレッドチーズ — 適宜

### ◆ 作り方

1　トマトの皮をむき、ピューレ状にする。

2　鍋にオリーブオイルとバターを入れて中火にかける。バターが溶けたら薄力粉を加えて混ぜ(a)、さらにサルチャも加えて炒めあわせる。

3　1を加えて混ぜ、ぐつぐつしてきたら弱火にし、ときどきかき混ぜながら5分ほど煮る。

4　水を加え、ふたをして強火にする。沸騰したら弱火で10分ほど煮て、火からおろす。

5　ハンドブレンダーで撹拌する(b)（またはミキサーにかける）。

6　再び中火にかけ、牛乳と塩、こしょうを加えてひと煮立ちさせる。食べる時に好みでシュレッドチーズを添える。

### ◆ memo

トマトはハンドブレンダー、フードプロセッサー、スライサー、おろし金などを使ってピューレ状にすることができます。

a

b

# マッシュルームのスープ

## Mantar Çorbası　マンタル・チョルバス

クリーミーさの中にマッシュルームのうまみとディルのさわやかさが感じられる
人気のスープです。

◆ 材料（4人分）

マッシュルーム（粗みじん切り）
　― 中12 〜 13個（約150g）

水 ― 350ml

薄力粉 ― 大さじ2

オリーブオイル ― 大さじ1 ½

A｜牛乳 ― 350ml
　｜生クリーム ― 100ml
　｜塩 ― 小さじ1
　｜こしょう ― 少々

ディル（みじん切り）― 5 〜 6本

◆ 作り方

1　鍋にオリーブオイルとマッシュルームを入れて中火で炒める。水分が出てきても炒め続け、水分が少し残った状態で一度火を止める（a）。

2　薄力粉を加え、ヘラや泡立て器などで手早くよく混ぜる（b）。

3　強火にかけ、水を少しずつ注ぎながらダマにならないようによく混ぜる。

4　Aを加えてよく混ぜ、ときどきかき混ぜながら、ひと煮立ちさせて火を止める。

5　食べる直前にディルを加えて混ぜる。

# テルビエ仕立ての野菜スープ

Terbiyeli Sebze Çorbası　テルビイェリ・セブゼ・チョルバス

野菜たっぷりで栄養価の高いスープ。
「テルビエ（ヨーグルトと卵黄のソース）」がルーの役割をします。

◆ 材料（4人分）

じゃがいも（さいの目切り）— 中1個

にんじん（さいの目切り）— 中½本

ズッキーニ（さいの目切り）— 中½本

玉ねぎ（粗みじん切り）— 中½個

にんにく（みじん切り）— 1片

オリーブオイル — 大さじ1

バター — 10g

水 — 800ml

塩 — 小さじ1

こしょう — 少々

ディル（みじん切り）— 5～6本

［テルビエ］

ギリシャヨーグルト — 大さじ2

　＊水きりしたプレーンヨーグルトで代用可

卵黄 — M玉1個分

薄力粉 — 大さじ1

◆ 作り方

1　鍋にオリーブオイルとバターを入れ、玉ねぎとにんにくを中火で炒める。しんなりしてきたら、じゃがいもとにんじん、ズッキーニを加えてさっと炒める (a)。

2　水を加え、ふたをして強火にし、沸騰したら弱火で20分ほど煮る。

3　ボウルにテルビエの材料すべてを入れ、よく混ぜる (b)。

4　2の野菜が煮えたら、おたま2杯分の煮汁を3に注いで溶く (c)。

5　2の鍋に4を入れて (d)、全体をよく混ぜる。

6　塩、こしょうで味をととのえたら火を止める。

7　食べる直前にディルを加えて混ぜる。

◆ memo

ハンドブレンダーで撹拌したりミキサーにかけたりすると、ポタージュスープとしても楽しめます。

a　b　c　d

Part 1 スープ＆野菜料理

21

# 高原のスープ

Yayla Çorbası　ヤイラ・チョルバス

ヨーグルトを使ったスープは、トルコの食卓の定番。
ミントの香りがさわやかで、コクがありながらもさっぱりとした味わいです。

◆ 材料（3人分）

A｜ ギリシャヨーグルト — 200g
　　　＊水きりしたプレーンヨーグルトで代用可
　　薄力粉 — 大さじ1
　　卵黄 — M玉1個分
　　塩 — 小さじ1
米（洗っておく） — 大さじ2
水 — 500ml
B｜ バター — 10g
　　オリーブオイル — 大さじ1
　　ドライミント — 大さじ½

◆ 作り方

1　鍋にAを入れ、泡立て器などでよく混ぜる（a）。

2　水を加えて混ぜたら強火にかけ、沸騰したら米を加えて軽く混ぜる。ふたをして弱火で15分ほど煮る。ふきこぼれる場合はふたをずらす。

3　別の小さめの鍋にBを入れ、中火にかけながら混ぜる。バターが溶けて香りが立ったら火を止める（b）。

4　2に3を注ぎ入れ、よく混ぜる。

◆ memo
トルコでは発酵が進んで酸味が増したヨーグルトをおいしく活用するためにこのスープを作ったりもします。

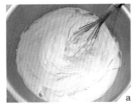

# 赤レンズ豆のキョフテ

Mercimek Köftesi *メルジメッキ・キョフテスィ*

スパイスのきいた揚げていないコロッケのような、食べ応えのあるヴィーガン料理。
前菜として、またチャイと一緒にティータイムに食べられたりします。

◆ **材料**（7cmほどのもの16個分）

赤レンズ豆（乾燥・皮なし／洗っておく）— 100g

ブルグル（細びき）— 90g

玉ねぎ（みじん切り）— 中½個

水 — 300ml

オリーブオイル — 大さじ2

サルチャ — 大さじ½

　＊トマトペーストで代用可

ビベルサルチャス — 大さじ½

　＊サルチャまたはトマトペーストで代用可

A｜クミンパウダー — 小さじ1

　｜パプリカパウダー — 小さじ1

　｜プルビベル（または粗びき唐辛子）— 適宜

　｜塩 — 小さじ¾

　｜こしょう — 少々

B｜小ねぎ（小口切り）— 3本

　｜イタリアンパセリ（粗みじん切り）— 3〜4本

レタス（10cm程度にちぎる）— 適量

レモン（くし形切り）— 適量

◆ **作り方**

1　鍋に洗った赤レンズ豆と水を入れ、ふたをして強火にかける。沸騰したら弱火にして10分ほど煮る。ふきこぼれる場合はふたをずらす。

2　水分が完全になくなる手前で火を止め、ブルグルを洗わずにそのまま加えて (a) よく混ぜる。ふたをしてそのまま20分ほどおき、混ぜあわせたら粗熱がとれるまでおく。

3　フライパンにオリーブオイルと玉ねぎを入れ、中火で玉ねぎが軽く色づく程度まで炒める。サルチャとビベルサルチャスを加え、軽く炒めあわせて火を止める (b)。

4　大きめのボウルに、2と3、Aを入れ (c)、こねるようによく混ぜる。さらにBを加えて混ぜる。

5　片手でにぎるように成形して (d)、皿に盛りつける。

6　レモンを搾り、レタスで包んで食べる。

a　b　c　d

# 坊さんの気絶

İmam Bayıldı  *イマム・バユルドゥ*

なすを割いて野菜を詰めたこの料理は、諸説ありますが、そのあまりのおいしさにお坊さんが
気絶したことからその名がついたといわれる料理です。冷やして食べても美味。

◆ 材料（4～5個分）

なす — 大4～5本

玉ねぎ（薄切り）— 中1個

トマト — 大1個

　＊トマトの水煮缶200gで代用可

ピーマン（粗みじん切り）— 中½個

にんにく（みじん切り）— 2片

水 — 50ml

オリーブオイル — 大さじ1

A｜砂糖 — 小さじ½
　｜塩 — 小さじ⅓
　｜こしょう — 少々

イタリアンパセリ（粗く刻む）— 適宜

［※］1%の塩水は水1000mlに対して塩小さじ2

◆ 作り方

1　なすのヘタを残したままガクだけを取りのぞき、縦じまになるようにピーラーで皮をむく。1%程度の塩水（分量外［※］）に10分ほどひたしてあく抜きをし、水けをきる。

2　天板に1を並べてオリーブオイルと塩をかけ（いずれも分量外）、手でもみ込むようになすの表面全体になじませる（a）。

3　200℃のオーブンで40分ほど焼く。途中20分経過したら裏返す。

4　トマトの皮をむき、粗みじん切りにする。

5　フライパンにオリーブオイルをひいて中火にかけ、玉ねぎをしんなりするまで炒める。さらににんにくとピーマンを加えて炒める。

6　4の半量とAを5に加えて混ぜ、ふたをして弱火で10分ほど煮る。トマトの水分が少ない場合は水50mlほど（分量外）を足す。

7　浅めの鍋またはフライパンに3のなすを並べ、皮がむいてある部分にナイフで切り目を入れて開く（b）。開いた部分に塩少々（分量外）をふり、6を詰める（c）。

8　上から4の残りの半量をかけ、鍋肌から水を注ぎ入れる（d）。

9　ふたをして中火にかけ、ぐつぐつしてきたら弱火にして15分ほど煮る。火を止めて粗熱がとれるまで冷ます。

10　皿に盛り、好みでイタリアンパセリを散らす。

◆ memo　なすをオーブンで焼かずに、サラダ油で焦げ目がつく程度まで揚げ焼きしてもOK。もし具が余った場合は、溶き卵と炒めるとトルコの朝食の定番メネメン（P.102）として楽しめます。
トルコでは、1本100～120gくらいのなすを使用しています。日本では、できるだけ大きめのなすを使用してみてください。

a　b　c　d

# 夏野菜の煮込み

Türlü　トゥッル

アナトリアの太陽を浴びた夏野菜をたっぷり使った、トルコの夏を代表する家庭料理のひとつです。

◆ 材料（4人分）

牛かたまり肉または羊かたまり肉

　（1.5 〜 2cm 角切り）— 250g

玉ねぎ（粗みじん切り）— 中½個

トマト（皮をむいて1cm 角切り）— 大1個

　＊トマトの水煮缶200gで代用可

にんにく（みじん切り）— 2片

A　｜いんげん（4cm 程度に切る）

　　　— 10本程度（約80g）

　　じゃがいも（ひと口大に切る）— 大1個

　　ズッキーニ（ひと口大に切る）— 中1本

　　なす — 中2½本

水 — 300ml

サルチャ — 大さじ1

　＊トマトペーストで代用可

オリーブオイル — 大さじ1

塩 — 小さじ1

こしょう — 少々

［※］1%の塩水は水1000mlに対して塩小さじ2

◆ 作り方

1　なすはピーラーなどで皮が縦じまになるようにむいてから
　ひと口大に切る。1%程度の塩水（分量外 ［※]）に10分ほ
　どひたしてあく抜きをし、水けをきる。

2　鍋にオリーブオイルをひき、強火で牛肉を炒める。肉か
　ら出た水分が少なくなってきたら、玉ねぎを加えて炒め
　(a)、しんなりしてきたらにんにくを加えてさらに炒める。

3　にんにくの香りが立ってきたら、サルチャを加えて混ぜな
　がら炒める。さらに A を入れて軽く炒めあわせる。

4　3の上にトマトをのせ、塩、こしょう、水を加えふたをして、
　強火で煮る (b)。

5　沸騰したら、ふたをしたまま弱火で30分ほど煮る。途中
　でかき混ぜない。適宜、塩、こしょう（いずれも分量外）
　で味をととのえる。

◆ memo

肉を入れずに作ってもおいしくいただけます。オクラやピーマン、パプリ
カなどを入れたり、プルビベル（または粗びき唐辛子）で辛みをプラス
したりしても。

a

b

# ズッキーニのおやき

 野菜料理

Mücver　　ムジヴェル

ズッキーニを使った、日本のお好み焼きに似た料理です。
ヨーグルトを添えて、夕食の副菜として食べたりします。

◆ 材料（直径7cmほどのもの6個分）

ズッキーニ ― 中1本

A｜小ねぎ（小口切り）― 3本

　｜イタリアンパセリ（みじん切り）― 3～4本

　｜ディル（みじん切り）― 5～6本

　｜卵 ― M玉1個

　｜薄力粉 ― 大さじ3

　｜塩 ― 小さじ½

　｜こしょう ― 少々

サラダ油 ― 適量

プレーンヨーグルト ― 適宜

◆ 作り方

1　ズッキーニをスライサーで細切りにし、水けを絞る。

2　1にAを加えて（a）、混ぜあわせる。

3　フライパンにサラダ油を多めにひいて熱する。2をスプーンですくい、直径7cmほどの円形になるように落とし、中火で揚げ焼きする（b）。

4　ふちに焦げ目がついてきたらひっくり返し、両面がきつね色になるまで焼く。皿に盛りつけ、プレーンヨーグルトを添える。

◆ memo
生地は時間が経つとゆるくなるので、混ぜたらすぐに焼くのがおすすめ。

a

b

Part 1　スープ＆野菜料理

# オクラのトマト煮

**Bamya Yemeği** *バムヤ・イエメーイ*

夏の旬野菜オクラ。トルコでは粒が小さいほど良質とされ、人気があります。
レモンの酸味がきいた夏の定番料理。

◆ 材料（3人分）

オクラ ― 20本程度（約200g）

玉ねぎ（みじん切り）― 中⅓個

トマト（皮をむいて1cm角切り）― 大1個

　＊トマトの水煮缶200gで代用可

にんにく（粗みじん切り）― 1片

サルチャ ― 大さじ½

　＊トマトペーストで代用可

オリーブオイル ― 大さじ1

レモン汁 ― 小さじ2

水 ― 150ml

塩 ― 小さじ½

こしょう ― 少々

◆ 作り方

1　オクラはよく洗って水けをきり、ヘタと実の境目にあるガク（黒い部分）に包丁を入れ、ぐるりと一周、先端が円すい形になるように薄くむき取る(a)。日本のオクラの場合2～3cmほどに切る。

2　鍋にオリーブオイルを入れ、玉ねぎを中火で炒める。しんなりしてきたらにんにくを加えて炒める。

3　サルチャを加えて炒め、トマトとオクラを加えて炒めあわせる。

4　塩、こしょう、レモン汁を入れ、ひたひたの水を入れてふたをし、強火で煮る(b)。

5　沸騰したら弱火にして、ふたをして40分ほど煮る。適宜、塩（分量外）で味をととのえる。

◆ memo

トルコのオクラはうぶ毛を取らずに調理しますが、日本のオクラの場合、気になるようなら取ってください。

# いんげんのオリーブオイル煮

野菜料理

**Zeytinyağlı Taze Fasulye** ゼイティンヤール・ターゼ・ファスリエ

冷やして食べてもおいしい、トルコの夏の食卓によく登場する料理です。
トルコではモロッコいんげんがよく使われます。

◆ 材料（3人分）

モロッコいんげん（5cm程度に切る（a））
　―10本程度（約200g）
　＊いんげんの場合は30本程度（半分に切る）
トマト（皮をむいて1cm角切り）― 大½個
　＊トマトの水煮缶100gで代用可
玉ねぎ（みじん切り）― 中¼個
オリーブオイル ― 大さじ2
A｜水 ― 50ml
　｜砂糖 ― 小さじ½
　｜塩 ― 小さじ½

◆ 作り方

1　鍋にオリーブオイルを入れ、玉ねぎを中火で炒める。
2　しんなりしてきたら、いんげんとトマトを加えて炒めあわせる（b）。
3　Aを加え、ふたをして弱火で30分ほど煮る。

◆ memo
温かいままでもよいですが、冷ますとより味がなじんでおいしくなります。
冷やして食べる際は必ずオリーブオイルで調理します。

a

b

Part 1　スープ＆野菜料理

31

# カリフラワーのトマト煮

野菜料理

**Kıymalı Karnabahar Yemeği** *クイマル・カルナババハル・イエメーイ*

脇役になりがちな野菜ですが、トルコでは料理の主役。
冬の旬野菜カリフラワーの可能性を感じられる一品です。

### ◆ 材料（4～5人分）

カリフラワー ― 中1個

牛ひき肉または羊ひき肉 ― 100g

トマト（皮をむいて1cm角切り）― 大1個

＊トマトの水煮缶200gで代用可

玉ねぎ（粗みじん切り）― 中½個

にんにく（薄切り）― 2片

オリーブオイル ― 大さじ1½

バター ― 10g

サルチャ ― 大さじ½

＊トマトペーストで代用可

水 ― 500ml

塩 ― 大さじ½

こしょう ― 少々

### ◆ 作り方

1　カリフラワーを1.5cm幅ほどに切る（a）。

2　鍋にオリーブオイルとバターを入れて熱し、玉ねぎを中火で炒める。しんなりしてきたら、にんにくと牛ひき肉を加えて炒める。

3　サルチャを加えて軽く炒めたら、トマトも加えて炒めあわせる。

4　**1**を**3**の上にひろげるようにのせ、塩、こしょうをふる。ここではかき混ぜない。

5　水を注ぎ（b）、ふたをして強火で煮る。沸騰したら弱火にし、30分ほど煮込む。塩、こしょう（いずれも分量外）で味をととのえる。

### ◆ memo

カリフラワーは火が通るとほぐれるので、小房に分けず、大きめに切って鍋に入れたほうが食べ応えUP！

a

b

# ほうれん草のボラーニ

Ispanak Borani  *ウスパナック・ボラーニ*

ほうれん草ソテーをにんにく入りヨーグルトであえて熱々のバターソースをかけた、
食欲をそそる一品です。

野菜料理

◆ 材料（4人分）

ほうれん草（ざく切り）― 1束（300g 程度）

玉ねぎ（粗みじん切り）― 中½個

ギリシャヨーグルト ― 200g

　　＊水きりしたプレーンヨーグルトで代用可

にんにく（1片をみじん切り、1片をすりおろす）
　― 2片

オリーブオイル ― 大さじ1

塩 ― 小さじ½

こしょう ― 少々

［バターソース］

バター ― 15g

松の実（またはくるみ／粗く刻む）― 大さじ1

パプリカパウダー ― 小さじ½

◆ 作り方

1　フライパンにオリーブオイルを入れ、玉ねぎとみじん切りのにんにくを中火で炒める。

2　玉ねぎがしんなりしてきたら、ほうれん草を2～3回に分けて入れて炒める（a）。

3　塩とこしょうを加えてさらに炒める。ほうれん草から出てきた水分がなくなるまで炒めたら火を止め、粗熱がとれるまで冷ます。

4　3にヨーグルトとすりおろしたにんにくを加えてよく混ぜる。必要であれば、塩（分量外）で味をととのえる。

5　小さめの鍋にバターと松の実、パプリカパウダーを入れ、中火にかけて混ぜる（b）。バターが溶けたら火を止め、熱々のうちに4にかける。

◆ memo
バターソースは食べる直前に作ってかけてください。

Part 1　スープ&野菜料理

33

a

# 彩り揚げ野菜のヨーグルト＆トマトソース

**Karışık Kızartma** *カルシュック・クザルトマ*

ブランチや夕食の副菜などによく登場します。素揚げ野菜に2種類のソースを添えてトルコ風の味わいに。

◆ 材料（4人分）

なす ― 中1½本

ズッキーニ ― 中½本

じゃがいも ― 中1個

パプリカ ― 中⅔個

ピーマン ― 中2個

サラダ油 ― 適量

イタリアンパセリ ― 適宜

［トマトソース］

トマト ― 大½個

　＊トマトの水煮缶100gで代用可

オリーブオイル ― 小さじ1

［にんにくヨーグルトソース］

プレーンヨーグルト ― 200ml

にんにく（すりおろす）― 1片

塩 ― 小さじ⅓

［※］1%の塩水は水1000mlに対して塩小さじ2

◆ 作り方

1　なすはピーラーで皮を縦じまにむき、1%程度の塩水（分量外［※]）に10分ほどひたしてから水けをきる。

2　**1**とそのほかの野菜をすべて拍子木切りにする。じゃがいもは切った後に水洗いしてから水けをきる。

3　じゃがいもは170℃の油で10分ほど、それ以外の野菜は1～2分ほど揚げ、油をよく切る（a）。

4　皿に盛りつけ、ヨーグルトソースとトマトソースをかける。好みでイタリアンパセリを飾る。

［トマトソース］

1　トマトの皮をむき、みじん切りまたはピューレ状にする。

2　鍋にオリーブオイルを入れて中火で熱し、**1**を入れて沸騰したら弱火にして時おりかき混ぜながら5分ほど煮る。

［にんにくヨーグルトソース］

1　小さめのボウルに材料をすべて入れ、よく混ぜる。

◆ memo

野菜を油で揚げずにオリーブオイルをふってオーブンで焼いて作ると、よりヘルシーに仕上がります。

# マッシュルームのソテー

**Mantar Sote**　マンタル・ソテ

肉が希少だったオスマン帝国時代に、庶民が肉のようなうまみと歯応えを楽しんだといわれる一品です。

◆ 材料（2人分）

マッシュルーム ― 中20個程度（約200g）
玉ねぎ（みじん切り）― 中⅓個
オリーブオイル ― 大さじ1
塩 ― 小さじ⅓
プルビベル（または粗びき唐辛子）― ひとつまみ
イタリアンパセリ ― 適宜

◆ 作り方

1　マッシュルームは石づきを取り、縦半分または4等分に切る。

2　フライパンにオリーブオイルをひき、玉ねぎを中火で軽く色づく程度まで炒める。

3　**1**を加えてさらに炒める（a）。

4　塩と好みでプルビベルを加え、マッシュルームから出た水分がなくなるまで炒める（b）。好みでイタリアンパセリを飾る。

◆ memo
小さく切った鶏肉を一緒に炒めてもおいしいです。

サラダ

# ヨーグルトサラダ3種
## 〜にんじん、ズッキーニ、なす

**Yoğurtlu Salatalar** ヨーウルトゥル・サラタラル

トルコ料理でよく使われる、
にんにく入りのヨーグルトで野菜をあえたサラダです。
ヘルシーでさっぱりとした中にも、
にんにくのパンチがきいた味わい。

[共通の材料]
ギリシャヨーグルト ― 200g
　＊水きりしたプレーンヨーグルトで代用可
にんにく（すりおろす）― 1片

# にんじん

**Havuç**　ハヴチュ

◆ 材料（4人分）
にんじん ― 中1本
くるみ（粗く砕く）― 大さじ1
オリーブオイル ― 大さじ1
塩 ― 小さじ⅔
＋［共通の材料］

◆ 作り方
1　にんじんをスライサーなどで細長く切り、オリーブオイルと塩を加えてしんなりするまで混ぜる（a）。
2　［共通の材料］とくるみを加えて混ぜる。

# ズッキーニ

**Kabak**　カバック

◆ 材料（4人分）
ズッキーニ ― 中1本
オリーブオイル ― 大さじ1½
くるみ（粗く砕く）― 大さじ½
塩 ― 小さじ⅔
ディル ― 1〜2本
＋［共通の材料］

◆ 作り方
1　ズッキーニをスライサーなとで細切りにする。
2　フライパンにオリーブオイルを入れて熱し、1を中火で炒める。出てきた水分がなくなるまで炒め（b）、火が通ったら火からおろして粗熱がとれるまで冷ます。
3　2の余分な水分をきり、［共通の材料］と塩、ディル、くるみを加えてよく混ぜる。

# なす

**Patlıcan**
パトゥルジャン

◆ 材料（4人分）
なす ― 大4本
塩 ― 小さじ⅔
＋［共通の材料］

◆ 作り方
1　オーブンやトースター、魚焼きグリル、直火などで焼きなすを作る。皮が真っ黒に焦げる程度まで焼く（c）。
2　1の皮をむき、包丁で叩いて細かくする（d）。
3　ボウルに2と［共通の材料］と塩を入れ、よく混ぜる。

a　　b　　c　　d

# 羊飼いのサラダ

**Çoban Salatası**　チョバン・サラタス

羊飼いが手早く作って食べられるほど簡単で、
トルコのどの家庭にもある食材で作れる
定番のサラダです。

◆ 材料（4人分）

| | |
|---|---|
| トマト — 大1個 | レモン汁 — 大さじ2 |
| きゅうり — 中1本 | オリーブオイル — 大さじ1 |
| 玉ねぎ — 中½個 | 塩 — 小さじ½ |
| イタリアンパセリ | スマック（またはドライバジル） |
| — 3〜4本 | — ひとつまみ（あれば） |

◆ 作り方

1　トマト、きゅうり、玉ねぎをあられ切りにする。

2　ボウルに**1**とそのほかの材料をすべて入れて混ぜあわせる。

◆ memo

トルコではトマトときゅうりの皮はむいて使うことが多いですが、日本ではそのままでも。辛いものが好きな人は刻んだ青唐辛子を加えても◎。ザクロソースをかけて食べたりもします。

# トルコ風ポテトサラダ

**Patates Salatası**　パタテス・サラタス

マヨネーズを使わず、
さわやかなハーブとレモンをきかせた、
さっぱりした味わいのポテトサラダです。

◆ 材料（4人分）

| | |
|---|---|
| じゃがいも — 大2個 | レモン汁 — 大さじ2 |
| 玉ねぎ — 中¼個 | オリーブオイル — 大さじ2 |
| イタリアンパセリ | 塩 — 小さじ½ |
| — 3〜4本 | スマック |
| ディル — 5〜6本 | — 小さじ½（あれば） |
| 小ねぎ — 3本 | |

◆ 作り方

1　じゃがいもは水から40分ほどゆでる、またはラップをして500Wのレンジに7分ほどかけて、竹串がスッと通るくらいにする。皮をむいて大きめのさいの目に切る。玉ねぎは薄切り、イタリアンパセリとディルはみじん切り、小ねぎは小口切りにする。

2　ボウルに**1**を入れ、調味料をすべて加えて混ぜあわせる。

◆ memo

ゆで卵を加えても美味。

# 白いんげん豆のサラダ

Piyaz　ピヤズ

トルコではキョフテのつけあわせとしておなじみの豆サラダ。
さっぱりした味わいがジューシーな肉料理とよく合います。

◆ 材料（4人分）

白いんげん豆（水煮・缶詰）— 180g

玉ねぎ（薄切り）— 中½個

トマト（さいの目切り）— 大½個

イタリアンパセリ（みじん切り）— 3〜4本

オリーブオイル — 大さじ2

レモン汁 — 大さじ2

ぶどう酢またはりんご酢（無糖）— 大さじ1
　＊穀物酢で代用可

塩 — 小さじ½

こしょう — 少々

スマック — ひとつまみ（あれば）

◆ 作り方

1　白いんげん豆は水けをきる。

2　ボウルに材料をすべて入れて、やさしく混ぜあわせる。

◆ memo
乾燥白いんげん豆1カップ（約170g）をたっぷりの水にひと晩浸水させ
てゆでると、おおよそ400gになります。ゆでたものは冷凍保存可能。
ピリ辛が好きな人は刻んだ青唐辛子を加えても。

# 細びきブルグルのサラダ

Kısır  *クスル*

食事に限らず、お茶会などでもよく食べられるトルコ定番サラダのひとつ。

◆ 材料（4人分）

ブルグル（細びき）― 80g

熱湯 ― 75ml

玉ねぎ（みじん切り）― 中½個

A ┃ 小ねぎ（小口切り）― 3本
　┃ イタリアンパセリ（粗みじん切り）― 5〜6本
　┃ ディル（粗みじん切り）― 7〜8本
　┃ トマト（1cm角切り）― 大¼個

オリーブオイル ― 大さじ1½

サルチャ ― 大さじ½

　＊トマトペーストで代用可

B ┃ レモン汁 ― 小さじ2
　┃ ザクロソース ― 大さじ½
　┃ パプリカパウダー ― 小さじ½
　┃ クミンパウダー ― 小さじ½
　┃ ドライミント ― 小さじ½
　┃ 塩 ― 小さじ½
　┃ こしょう ― 少々

◆ 作り方

1　ボウルにブルグルを入れて熱湯を注ぎ、ラップをかけて15分ほどおく。

2　フライパンにオリーブオイルを入れ、中火で玉ねぎが軽く色づく程度まで炒める。さらにサルチャを加えて炒めて(a)、火からおろし粗熱をとる。

3　1に2とBを加えてよく混ぜる(b)。調理用手袋などをして手で混ぜると楽。

4　さらにAを入れて混ぜ(c)、必要であれば塩、こしょう（いずれも分量外）で味をととのえる。

◆ memo

生野菜はたっぷりめがおすすめ。レタス、きゅうり、ピーマン、青唐辛子、フレッシュミント、にんにくなども合います。また、トルコのパプリカペースト（ビベルサルチャス）があれば、トマトのサルチャと半々の分量で加えると、より味に奥行きが増します。

a　b　c

Part 1　スープ＆野菜料理

# きゅうりとヨーグルトのサラダ

Cacık　ジャジュク

一見スープのようですがサラダとして楽しみます。
きゅうりの切り方やヨーグルトの濃さに家庭の色が出る奥深さも。

◆ 材料（4人分）

ギリシャヨーグルト ― 300g

　＊水きりしたプレーンヨーグルトで代用可

水 ― 200ml

きゅうり（いちょう切り）― 中½本

にんにく（すりおろす）― 1片

ディル（粗みじん切り）― 2〜3本

ドライミント ― 小さじ1

塩 ― 小さじ¾

プルビベル（または粗びき唐辛子）― 適量

［トッピング］

ディル ― 適宜

プルビベル（または粗びき唐辛子）― 適宜

オリーブオイル ― 適宜

◆ 作り方

1　ボウルにギリシャヨーグルトと水を入れ、泡立て器やハンドブレンダーなどでしっかり混ぜあわせる（a）。

2　そのほかの材料をすべて加えてよく混ぜる（b）。好みでトッピングの材料をのせる。

◆ memo
きゅうりの皮はむいてもむかなくても OK。切り方も家庭によって、みじん切り、せん切り、半月切りなどさまざまです。我が家は皮つきのいちょう切りにしています。

# 肉 & 魚料理

Et Yemekleri & Deniz Ürünleri

# 鶏肉のシシ・ケバブ

**Tavuk Şiş** *タヴック・シシ*

ケバブ料理屋でおなじみの一品です。鶏肉をスパイスのきいたマリネソースにつけてから焼きます。
もも肉以外にも鶏肉のいろいろな部位で楽しめます。

### ◆ 材料（4本分）

鶏もも肉 ― 500g

ピーマン ― 大1個

パプリカ ― 中½個

ミニトマト ― 8個

［マリネソース］

オリーブオイル ― 大さじ1

にんにく（みじん切り）― 2片

プレーンヨーグルト ― 大さじ2

サルチャ ― 大さじ1

　★トマトペーストで代用可

クミンパウダー ― 小さじ1

オレガノ ― 小さじ1

パプリカパウダー ― 小さじ1

塩 ― 小さじ½

こしょう ― 小さじ¼

プルビベル（または粗びき唐辛子）― ひとつまみ

［つけあわせ］

A ｜ 玉ねぎ（薄切り）― 中1個
　｜ イタリアンパセリ（粗みじん切り）― 5〜6本
　｜ スマック ― 小さじ1

フラワートルティーヤ ― 4枚

野菜入りブルグルピラフ（P.77）― 適宜

### ◆ 作り方

1 鶏肉をひと口大に切る。

2 ボウルやポリ袋などにマリネソースの材料をすべて入れて混ぜ、**1**を加えて混ぜる（a）。

3 冷蔵庫で2時間〜ひと晩ほどやすませる。

4 ピーマン、パプリカを鶏肉の大きさに合わせて切る。ミニトマトはヘタを取る。

5 オーブンを200℃に予熱する。

6 **3**と**4**を金串（竹串でも可）に刺して、オーブンシートを敷いた天板に並べる（b）。

7 オーブンシートまたはアルミホイルをかぶせて200℃のオーブンで30分ほど焼く。シートを取りのぞき、再び200℃で表面に焦げ目がつく程度まで焼く。

8 **A**を混ぜあわせる。

9 熱したフライパンでトルティーヤを両面各30秒ほどあたためる。

10 皿に**9**を敷き、串からはずした**7**をのせる。**8**を添え、好みで野菜入りブルグルピラフを添える。

### ◆ memo

このマリネソースを使ってトルコ風の鶏手羽焼きやチキンソテーなどもできます。オーブンではなくフライパンで焼いてもOKです。

Part 2　肉&魚料理

# アダナ・ケバブ

**Adana Kebabı**　アダナ・ケバブ

トルコ南東部の都市アダナの名を冠した、オスマン帝国時代から伝わるひき肉を使ったケバブ料理。
本来は鉄串に刺して炭火で焼き上げますが、家庭用にアレンジしました。

**◆ 材料（6本分）**

牛ひき肉または羊ひき肉 ― 250g

赤パプリカ ― 中½個

玉ねぎ ― 中¼個

パプリカパウダー ― 大さじ½

塩 ― 小さじ½

プルビベル（または粗びき唐辛子）― 適宜

［つけあわせ］

ピーマン ― 3個

ミニトマト ― 3〜6個

A｜赤玉ねぎ（または玉ねぎ／薄切り）― 中⅔個

　｜イタリアンパセリ（粗みじん切り）

　｜　― 4〜5本

　｜スマック ― 小さじ⅔

フラワートルティーヤ ― 3枚

**◆ 作り方**

1　パプリカと玉ねぎを細かいみじん切りにする。スライサーやフードプロセッサーを使うと簡単。出た水分も捨てずにおく。

2　ボウルに**1**とひき肉、パプリカパウダー、塩を入れてよくこね（a）、ラップをして冷蔵庫で1時間ほどねかせる。

3　オーブンを180℃に予熱する。

4　**2**を6等分し、平串に握りつける（b）。形をととのえ、指で表面に凹凸をつける（c）。

5　天板に**4**とピーマン、ミニトマトを並べ、180℃のオーブンで20分ほど焼く。

6　**A**を混ぜあわせる。

7　熱したフライパンでトルティーヤを両面各30秒ほどあたためる。

8　皿に**7**を敷き、串からはずした**5**と**6**を盛りつける。

**◆ memo**

できるだけ脂の多いひき肉を使ったほうがおいしくできます。野菜と一緒にトルティーヤに巻いたり、ブルグルのピラフ（P.74）を添えたりしても。

a

b

b

# 肉と白いんげん豆の煮込み

**Etli Kuru Fasulye** エトゥリ・クル・ファスリエ

トルコのおふくろの味と呼べるような、トルコ人が愛してやまない家庭料理のひとつです。
水煮缶を使って簡単にできる作り方を紹介します。

◆ 材料（3〜4人分）

白いんげん豆（水煮／缶詰）— 400g

牛赤身肉または羊赤身肉（1.5〜2cm角切り）
　　— 100g

水 — 400ml

玉ねぎ（みじん切り）— 中½個

トマトピューレ — 100g

サルチャ — 大さじ1

　　＊トマトペーストで代用可

オリーブオイル — 大さじ1

パプリカパウダー — 小さじ1

塩 — 小さじ¾

◆ 作り方

1　鍋にオリーブオイルをひいて熱し、肉を入れて中火で焦げ目がつく程度まで炒める。

2　玉ねぎを加えて、しんなりするまで炒める。

3　サルチャを加えて混ぜ炒め（a）、香りが立ってきたら、トマトピューレを加えて軽く炒めあわせる。

4　水を注ぎふたをして強火で煮る。ぐつぐつしてきたら弱火にし、ふたをしたまま20分ほど煮る。

5　水けをきった白いんげん豆とパプリカパウダー、塩を加え（b）、軽く混ぜたらふたをして、再び強火で煮る。

6　ぐつぐつしてきたら弱火にし、ふたをして10〜15分ほど白いんげん豆が指で簡単につぶせる程度まで煮る。適宜、塩（分量外）で味をととのえる。

◆ memo
米のピラフ（P.76）と一緒に食べることも多いです。肉を入れなくても作れますが、その場合は仕上げにバターを加えてコクを出すと美味。

Part 2　肉&魚料理

a　　　　b

# 肉屋のキョフテ

**Kasap Köfte**　カサップ・キョフテ

トルコの肉屋で売られているような独特の味わいと食感のある、
家庭料理とはひと味違ったキョフテをご紹介。

◆ 材料（直径5cmほどのもの約10個分）

牛ひき肉または羊ひき肉 — 250g

玉ねぎ（すりおろして水けをきる）— 中½個

微粉パン粉 — 大さじ2½

水 — 50ml

オリーブオイル — 大さじ½

重曹 — 大さじ½

塩 — 小さじ¾

クミンパウダー — 小さじ½

パプリカパウダー — 小さじ½

こしょう — 小さじ¼

プルビベル（または粗びき唐辛子）— 適宜

［つけあわせ］

トマト（輪切り）— 大½個

ピーマン — 2個

◆ 作り方

1　ボウルに材料をすべて入れ、粘りけが出るまで5分ほど
　　よく混ぜる。手につきやすいので、調理用手袋をするの
　　がおすすめ。

2　ラップをかけて、冷蔵庫で2時間～ひと晩ほどねかせる。

3　冷蔵庫から取り出し、手のひらに水をつけて直径5cm
　　ほどのだ円に成形する（a）。指の腹で表面を少し凹ませる
　　と生焼け防止になる。

4　フライパンやグリルパンなどにオリーブオイル（分量外）を
　　熱し、弱めの中火でまず1分ほど焼き、ひっくり返して1
　　分ほど焼く。さらにそれをもう1回くり返して、両面に焦
　　げ目がつく程度まで焼く。ピーマンとトマトも一緒に焼い
　　て添える。

◆ memo

羊ひき肉や牛羊あいびき肉でもよく作ります。白いんげん豆のサラダ
（P.39）はキョフテの定番の副菜です。微粉パン粉は、パン粉をフード
プロセッサーにかけたものでもOKです。

a

# 鶏肉のトルコ風炒め

**Tavuk Sote** *タヴック・ソテ*

炒めてから煮ると鶏肉がやわらかく仕上がります。サルチャでコクもUP。
野菜たっぷりで白いご飯にも合う一皿です。

◆ **材料**（4人分）

鶏もも肉（2cm角切り）― 500g

**A** 玉ねぎ（2cmざく切り）― 中¾個

マッシュルーム（縦に4等分）
　― 中5〜6個（約50g）

ピーマン（2cmざく切り）― 中2個

赤パプリカ（2cmざく切り）― 中½個

にんにく（みじん切り）― 3片

トマト（皮をむいて1cm角切り）
　― 大1½個　*トマトの水煮缶300gで代用可

オリーブオイル ― 大さじ2

サルチャ ― 大さじ½
　*トマトペーストで代用可

オレガノ ― 小さじ1

塩 ― 小さじ1

こしょう ― 少々

◆ **作り方**

1　フライパンにオリーブオイルを入れて熱し、鶏肉を強めの中火で炒める。

2　鶏肉から出た水分が完全になくなる前に、**A**を加えてさらに炒める（**a**）。

3　サルチャを加えて炒め、さらにトマトを加えて炒めあわせる。

4　塩、こしょう、オレガノを加えて混ぜたら、弱火にしてふたをし、弱火で15分ほど煮る。適宜、塩、こしょう（いずれも分量外）で味をととのえる。

a

# トレイ・ケバブ

## Tepsi Kebabı  *テプスィ・ケバブ*

トレイ（お盆）の上にたねを薄くひろげて焼くケバブ料理。難しそうに見えますが実は簡単！
それでいてたっぷりの刻み野菜の甘みとスパイスが混ざりあった奥深い味わいです。

### ◆ 材料（直径24.5cmの耐熱皿1台分）

牛ひき肉または羊ひき肉 — 350g

バター — 適量

A ┃ 玉ねぎ — 中2/3個
　 ┃ ピーマン — 中1個
　 ┃ 赤パプリカ — 中1/3個
　 ┃ イタリアンパセリ — 3本
　 ┃ にんにく — 1片

B ┃ 塩 — 小さじ1
　 ┃ クミンパウダー — 小さじ1
　 ┃ パプリカパウダー — 小さじ1
　 ┃ こしょう — 小さじ1/4
　 ┃ プルビベル（または粗びき唐辛子）— 適宜

［ソース］

サルチャ — 小さじ2
　*トマトペーストで代用可

水 — 100ml

［飾り］

トマト（くし形切り）— 大1/2個

ピーマン（縦に8等分）— 中1個

### ◆ 作り方

1　Aをすべて細かいみじん切りにする。スライサーやフードプロセッサーなどの調理器具を使うと簡単。野菜から出た水分も捨てずにおく。

2　ボウルに1とひき肉とBを入れ（a）、よく混ぜる。

3　オーブンを200℃に予熱する。

4　耐熱皿の内側全体にバターを塗り、2を平らになるように広げ、ナイフで放射状に8等分するように切りこみを入れる。

5　小さいボウルなどにソースの材料を入れ、溶け残りがないように混ぜあわせる。

6　4にトマトやピーマンを飾り、5を流し入れる（b）。

7　200℃のオーブンで30分ほど、野菜の表面に少し焦げ目がつく程度まで焼く。

### ◆ memo

耐熱皿以外にも、耐熱性のあるトレイやオーブン天板などを使っても構いません。焼くと肉が縮むので、仕上がりは成形時よりもひと回りくらい小さくなります。焼き立ては汁けが多めです。

# ベイティ・ケバブ

**Beyti Kebabı** *ベイティ・ケバブ*

イスタンブールにあるベイティというレストランで生まれ、トルコ中に広まった比較的新しいケバブ料理です。
本来はラヴァシュやユフカという生地で作るところを、トルティーヤを使って簡単に。

◆ 材料（3人分）

フラワートルティーヤ（25cm）— 3枚
オリーブオイル — 適量

**A** 牛ひき肉または羊ひき肉 — 300g
　　玉ねぎ（みじん切り）— 大¼個
　　にんにく（みじん切り）— 1片
　　イタリアンパセリ（みじん切り）
　　　— 2〜3本
　　微粉パン粉 — 大さじ½
　　クミンパウダー — 小さじ½
　　オレガノ — 小さじ½
　　パプリカパウダー — 小さじ½
　　塩 — 小さじ½
　　こしょう — 少々

［トマトソース］

トマト — 大½個
　*トマト水煮缶100gで代用可
サルチャ — 大さじ½
　*トマトペーストで代用可
塩 — 小さじ½
バター — 10g
オリーブオイル — 大さじ1

［ヨーグルトソース］

プレーンヨーグルト — 200g
にんにく（すりおろす）— 1片

◆ 作り方

1　ボウルに **A** を入れて混ぜあわせる。

2　オーブンを180℃に予熱する。

3　**1** を3等分して棒状にととのえる。

4　トルティーヤの片面全体にハケでオリーブオイル（分量外）
　を薄く塗り（a）、**3** をのせて巻く（b）（c）。

5　3〜4cm幅に切ってオーブンシートを敷いた天板に並
　べ（d）、180℃のオーブンで20分ほど焼く。

6　トマトソースを作る。トマトの皮をむいてスライサーや
　フードプロセッサーでピューレ状にする。小鍋にバター
　とオリーブオイルを入れて中火で熱し、サルチャを入れ
　て炒める。さらにピューレ状にしたトマトと塩を加えて熱
　し、沸騰したら弱火にして、時おりかき混ぜながら5分
　ほど煮る。

7　ボウルにプレーンヨーグルトとにんにくを入れて混ぜ、
　ヨーグルトソースを作る。

8　**5** を皿に並べてヨーグルトソースとトマトソースをかけ、好
　みでイタリアンパセリ（分量外）を飾る。

a　　　　b　　　　c　　　　d

# ベレン風肉と野菜のオーブン焼き

**Belen Tava** ベレン・タヴァ

約500年前のオスマン帝国時代、シリアとの国境に近いベレンという町で、シルクロードを行き交う
商人や旅人を魅了したという歴史ある料理。本来は土器の皿に入れて石窯で調理します。

◆ 材料（直径24.5cmの耐熱皿1台分）

牛かたまり肉または羊かたまり肉 ― 250g

ペコロス（小玉ねぎ）― 8〜10個（150g）

　＊玉ねぎ中½個（1cmの角切り）で代用可

ピーマン ― 中1個

パプリカ ― 中⅓個

トマト ― 大1½個

　＊トマトの水煮缶300gで代用可

にんにく ― 2片

バター ― 10g

A｜オリーブオイル ― 大さじ1½
　｜塩 ― 小さじ⅔
　｜パプリカパウダー ― 小さじ½
　｜オレガノ ― 小さじ½
　｜こしょう ― 小さじ¼
　｜プルビベル（または粗びき唐辛子）― 適宜

［ソース］

水 ― 100ml

サルチャ ― 大さじ½

　＊トマトペーストで代用可

◆ 作り方

1　肉は1.5〜2cmの角切り、ピーマンとパプリカは1cmの角切り、トマトは皮をむいてから1cmの角切り、にんにくはみじん切りに、ペコロスは皮をむき、大きい場合は半分に切る。

2　耐熱皿に**1**をすべて入れて**A**を加えてよく混ぜ、手で押して平らにならす。

3　オーブンを200℃に予熱する。

4　小さいボウルなどにソースの材料を入れて溶け残りがないよう混ぜる。

5　**4**を**2**にまんべんなくかけ（a）、小さく切ったバターを数か所にのせる。

6　丸めて水でぬらしたオーブンシートをひろげてかぶせる（b）。アルミホイルでもOK。

7　200℃のオーブンで50分ほど焼く。

◆ **memo**
冷蔵庫に残ったさまざまな肉や野菜を使ってアレンジすることも可能です。

［例1］鶏肉、なす、ピーマン、じゃがいも、にんじん、パプリカ、玉ねぎ、にんにく

［例2］牛肉、じゃがいも、にんじん、パプリカ、玉ねぎ、トマト、マッシュルーム、にんにく

# なすと肉団子のケバブ

## Patlıcan Kebabı パトゥルジャン・ケバブ

肉料理

ケバブ料理店の人気メニューのひとつです。店では串焼きにして豪快に炭火で焼き上げますが、
家庭で手軽に楽しむための作り方を紹介します。

◆ 材料（24.5cmの耐熱皿1台分）

長なす — 大3〜4本（約350g）

A 牛ひき肉または羊ひき肉 — 500g
　 微粉パン粉 — 大さじ3
　 玉ねぎ（みじん切り） — 中1個
　 クミンパウダー — 小さじ1
　 オレガノ — 小さじ1
　 塩 — 小さじ1
　 こしょう — 小さじ½

［ソース］

サルチャ — 大さじ1
　 ＊トマトペーストで代用可
水 — 200ml
オリーブオイル — 大さじ3
塩 — 小さじ½

ミニトマト — 適宜
イタリアンパセリ — 適宜
［※］ 1%の塩水は水1000mlに対して塩小さじ2

◆ 作り方

1　なすを1.5cm幅の輪切りにして、1%の塩水（分量外［※］）に10分ほどひたしてあく抜きをする（a）。落としぶたをするとしっかりつかる。水からあげて水けをきる。

2　ボウルにAを入れて、よく混ぜあわせる。

3　オーブンを200℃に予熱する。

4　2で1のなすと同じくらいの大きさの肉団子を作り、なすではさむように耐熱皿に並べる。できるだけなすの断面と肉団子を接着させる。すき間ができたら、ヘタを取ったミニトマトを入れる。

5　小さいボウルなどにソースの材料をすべて入れ、溶け残りがないようにしっかり混ぜあわせる。

6　4にソースを注ぎ入れる（b）。なすと肉団子がひたるくらいが適量。

7　丸めて水でぬらしたオーブンシートをひろげてかぶせる（c）。アルミホイルでもOK。

8　200℃のオーブンで30〜35分ほど焼く。オーブンシートをはずして、さらに10分ほど焼く。

◆ memo
耐熱皿にすき間ができた場合は、ミニトマト以外にも玉ねぎのくし形切り、皮をむいたペコロス（小玉ねぎ）やにんにく、食べやすい大きさに切ったピーマンなどを入れて一緒に焼くと、つけあわせにもなるのでおすすめ。

Part 2　肉＆魚料理

a

b

c

# アルバニア風揚げレバー

Arnavut Ciğeri  *アルナヴット・ジエリ*

15世紀以降イスタンブールに移住したアルバニア人に由来する、
食欲をそそるスパイスのきいた料理です。

◆ 材料（4人分）

牛レバー ― 500g

薄力粉 ― 55g

牛乳 ― 適量

A クミンパウダー ― 小さじ1
　 パプリカパウダー ― 小さじ1
　 塩 ― 小さじ1

プルビベル（または粗びき唐辛子）― 適宜

［つけあわせ］

じゃがいも（1.5cm角切り）― 大2個

塩 ― 少々

サラダ油 ― 適量

B 赤玉ねぎ（または玉ねぎ / 薄切り）― 中1個
　 イタリアンパセリ（粗みじん切り）― 5～6本
　 スマック ― 小さじ1

◆ 作り方

1 レバーは膜やすじを取りのぞいて2cm角に切り、ひたひたの牛乳に30分ほどつける（a）。

2 じゃがいもは切った後に一度水にさらしてしっかり水洗いし、再び水に15分ほどさらしてから水けをきる。170℃の油できつね色になるまで素揚げし、油をきって塩をまぶす。

3 Bをすべて混ぜあわせる。

4 1をザルにあげ、気になる場合は軽く洗って、水けをきる。

5 ポリ袋に薄力粉と4を入れ、薄力粉がまんべんなくつくように混ぜる（b）。

6 2で使った油を再び170℃に熱し、5を2～3分ほど濃いめの茶色になるまで揚げ、油をきる。

7 ボウルにAを入れて混ぜる。好みでプルビベルを加える。6を入れて表面にまんべんなくつくように混ぜる。

8 2と3とともに盛りつける。

a　b

# スープ仕立てのキョフテ

## Sulu Köfte スル・キョフテ

寒い季節に家庭で食べられることが多いシンプルなスープ仕立ての肉団子です。
小さく作るのがトルコ流。ブルグル入りなので食べ応えがあります。

◆ 材料（4人分）

［肉団子］

A　牛ひき肉または羊ひき肉 — 200g
　　玉ねぎ（細かいみじん切り） — 中⅓個
　　にんにく（すりおろす） — 1片
　　溶き卵 — M玉½個分
　　ブルグル（細びき） — 50g
　　クミンパウダー — 小さじ1
　　塩 — 小さじ⅔
　　こしょう — 小さじ¼
　　プルビベル（または粗びき唐辛子） — 適宜
薄力粉 — 大さじ1

［スープ］

玉ねぎ（みじん切り） — 中⅓個
にんにく（みじん切り） — 1片
熱湯 — 600ml
バター — 10g
オリーブオイル — 大さじ1
サルチャ — 大さじ½
　＊トマトペーストで代用可
オレガノ — 小さじ½
塩 — 小さじ½

◆ 作り方

1　ボウルにAを入れてよく練り混ぜる。

2　バットに薄力粉を入れてひろげる。

3　1を直径1.5cm程度の団子にし（a）、2のバットに入れていく。手のひらにサラダ油（分量外）をつけると丸めやすい。

4　すべてを丸めたら、バットを左右に揺らして肉団子の全体に薄力粉をまぶす（b）。

5　鍋にバターとオリーブオイルを入れて熱し、玉ねぎとにんにくを中火で炒める。玉ねぎがしんなりしてきたらサルチャを加えてさらに炒める。

6　熱湯を入れて3と塩、オレガノを加えて軽く混ぜたら、ふたをして弱火で10分ほど煮込む（c）。

a　　　　　　　　　　　b　　　　　　　　　　　c

Part 2　肉＆魚料理

# 煮込みステーキ

## Soslu Biftek ソスル・ビフテキ

かたいステーキ肉をやわらかく、おいしく食べられる一皿。
簡単なのに豪華さもあるので、ハレの日の食卓にもおすすめ。

◆ 材料（4人分）

牛赤身ステーキ肉 — 500g

玉ねぎ（くし切り）— 中1個

にんにく（薄切り）— 3片

サルチャ — 大さじ1

    *トマトペーストで代用可

A  水 — 350ml

   塩 — 小さじ1

   オレガノ — 小さじ1

   こしょう — 小さじ¼

オリーブオイル — 適量

イタリアンパセリ — 適宜

◆ 作り方

1 浅めの鍋（またはフライパン）にオリーブオイルをひいて熱し、牛肉の両面を強火でこんがりと焦げ目がつく程度まで焼き、取り出しておく。

2 1の鍋を洗わずに玉ねぎとにんにくを入れて、中火で炒める (a)。もしオリーブオイルが足りないようなら足す。

3 玉ねぎがしんなりする程度まで炒めたらサルチャを加えて炒めあわせる。さらにAを加えて煮る。

4 煮立ってきたら、1を入れ、ふたをして弱火で50分ほど煮る (b)。

5 塩、こしょう（分量外）で味をととのえ、イタリアンパセリを添える。

◆ memo
肉に厚みがある場合は肉のやわらかさをみながら煮込み時間を適宜調整してください。

# 魚と彩り野菜のトルコ風炒め

魚料理

## Balık Kavurma バルック・ガヴルマ

オレガノの香りがアクセントの魚炒め。
パンに合うのはもちろん、意外に白いご飯にも合うおいしさです。

◆ 材料（4人分）

魚の切り身
　（ここではびんちょうまぐろを使用）— 500g

A　玉ねぎ — 中¾個
　　パプリカ — 中½個
　　ピーマン — 中2個
　　マッシュルーム — 中5〜6個（約50g）

トマト — 大1½個
　　＊トマトの水煮缶300gで代用可

オリーブオイル — 大さじ2

B　バター — 10g
　　オレガノ — 小さじ1
　　塩 — 小さじ1
　　こしょう — 少々

◆ 作り方

1　魚の骨を取りのぞき、ひと口大に切る。Aの野菜もひと口大にカット。トマトは皮をむいて1cmの角切りに。

2　フライパンにオリーブオイルを入れて熱し、Aの野菜を入れて強火で炒める。

3　しんなりしてきたら、1の魚を加えてさらに炒める（a）。魚の種類によっては身がくずれやすいので、やさしく炒める。

4　魚の色が変わってきたら、1のトマトを加えて炒める。さらにBを加えて炒めあわせ、ふたをして弱火で10分ほど煮る。適宜、塩、こしょう（いずれも分量外）で味をととのえる。

◆ memo
トルコではほかにもさば、すずき、サーモン、あんこう、ハタなどを使ったりもします。辛いものが好きな人は、プルビベル（または粗びき唐辛子）を加えても。魚の皮が気になる場合は取りのぞいてください。

# トルコ風魚の蒸し煮

## Balık Buğulama　バルック・ブーラマ

魚と野菜の濃厚なうまみがたっぷり。トルコのシーフードレストランでおなじみの料理も、
実はおうちで簡単に作れます。

### ◆ 材料（4人分）

魚のぶつ切りまたは切り身
　　（ここではハガツオのぶつ切りを使用）— 400g
玉ねぎ（薄切り）— 中1個
にんにく（薄切り）— 3片
トマト — 大2個
　　*トマトの水煮缶400gで代用可
オリーブオイル — 大さじ2
レモン汁 — 大さじ2
バター — 20g
塩 — 小さじ¾
こしょう — 少々
イタリアンパセリ（粗みじん切り）— 適宜

### ◆ 作り方

1　トマトの皮をむき、スライサーやフードプロセッサーなどでピューレ状にする。

2　鍋（または深めのフライパン）にオリーブオイルとにんにくを入れ、弱火で熱する。にんにくの香りが立ってきたら玉ねぎを加え、中火でしんなりするまで炒める（a）。

3　1と塩、こしょうを加え混ぜ、中火で煮る。

4　煮立ったら、魚を皮目を下にして入れる。レモン汁を全体にかけ、バターを数か所に分けてのせる（b）。

5　ふたをして弱火で30分ほど煮る。煮ている間は、魚を裏返したりしない。好みでイタリアンパセリを散らす。

### ◆ memo
魚はそのほか、さば、すずき、たいなどでも。余ったらパスタソースにするのもおすすめ。

a　　　b

# 豆あじの円盤揚げ

İstavrit Tava  *イスダヴリット・タヴァ*

トルコの冬の風物詩。コーンフラワーをまぶして円盤状に並べて揚げ焼くトルコ流の魚料理です。
豆あじのほか、かたくちいわしで作るのも人気があります。

◆ 材料（24cmのフライパン1台分）

豆あじ ― 500g

オリーブオイル ― 大さじ3

コーンフラワー ― 60g

　（またはコーンミール ― 70g）

　　＊薄力粉55gや微粉パン粉75gなどで代用可

塩 ― 小さじ½

かたくちいわしでも同じように作れます。

◆ 作り方

1　豆あじの頭を手で折って取りのぞき、指で腹を開いて内蔵を取りのぞく。背骨と尾びれは残す。流水で洗って、水けをきる（a）。

2　1をボウルに入れ、塩をふり、もむように混ぜてなじませる。

3　コーンフラワーをまぶして（b）、冷たいままのフライパンに、放射状にすき間なく並べる。中央にできるすき間にも並べる。

4　強火にかけ、豆あじの周りや中央部分を中心に、オリーブオイルを全体に回しかける（c）。

5　ふたをせずにそのまま4分ほど揚げ焼く。焼いている面がきつね色になったら、フライパンよりひと回り小さなふたや皿などで豆あじを押さえながら、フライパンの中の油を一旦別の容器に移す。

6　ふたで押さえたままフライパンをひっくり返し、豆あじを裏返してフライパンに戻す。5の油を再びかけて、裏面も同じくらいの焼き色になるまで揚げ焼く。

◆ memo
フッ素樹脂加工のフライパンが使いやすいです。
何もつけずにそのまま骨ごと食べられますが、トルコでは骨を取りのぞいて食べる人を多く見かけます。レモンを搾るとよりさっぱり。つけあわせにはルッコラや大根、ラディッシュ、また羊飼いのサラダ（P.38）もよく合います。

Part 2　肉&魚料理

a

b

c

# 魚の串焼き

## Balık Şiş　バルック・シシ

シーフードレストランで食べられる串焼きです。
肉の串焼き（シシ・ケバブ）とはまたひと味違って、さっぱりとした味わい。

◆ 材料（2本分）

白身魚の切り身またはさく

　（ここではすずきの切り身を使用）― 200g 程度

パプリカ ― 中1/4個

ピーマン ― 中1〜2個

トマト ― 中1/2個

オリーブオイル ― 適量

塩 ― 少々

［ソース］

レモン汁 ― 大さじ1 1/2

オリーブオイル ― 大さじ1/2

にんにく（すりおろす）― 1片

塩 ― 少々

こしょう ― 少々

ディル（みじん切り）― 1〜2本

◆ 作り方

1　白身魚を3cm角程度に切る。パプリカ、ピーマン、トマト
　 も魚の大きさに合わせて切る（a）。

2　オーブンを200℃に予熱する。

3　金串（または竹串）に1の魚と野菜を交互に刺す。魚の身
　 が薄い場合は二つ折りにして刺す。

4　オーブンシートを敷いた天板に3を並べ（b）、表面にオリ
　 ーブオイルと塩をふる。

5　200℃のオーブンで30分ほど焼く。

6　ソースの材料をすべて混ぜあわせ（c）、皿に盛った串に
　 かける。

◆ memo

サーモンやめかじきなどで作るのもおすすめです。

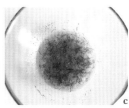

a　　　　　　b　　　　　　c

Part 2　肉＆魚料理

71

# トルコ風いかリングフライ

**Kalamar Tava** *カラマル・タヴァ*

シーフードレストランで人気のサイドメニュー。
やわらかいトルコのいかリングは、ヨーグルトを使ったさっぱりソースでいただきます。

◆ 材料（4人分）

いかの胴体 — 500g

  *冷凍のいかリングで代用可

重曹 — 5g

炭酸水 — 200ml

A｜コーンフラワー — 60g

  （またはコーンミール — 70g）

   *薄力粉55gや微粉パン粉75gで代用可

  塩 — 小さじ½

  こしょう — 少々

サラダ油 — 適量

［ソース］

ギリシャヨーグルト — 大さじ3

  *水きりしたプレーンヨーグルトで代用可

マヨネーズ — 大さじ3

にんにく（すりおろし）— 1片

ドライミント — 小さじ¼

  *刻んだフレッシュミントで代用可

塩 — 少々

◆ 作り方

1　いかは胴体の皮をむき、1cm幅の輪切りにする。

2　ボウルに**1**を入れ、重曹と炭酸水を入れてもむ。炭酸水につかったままのいかが入ったボウルにラップをして冷蔵庫に入れ、4時間〜ひと晩やすませる。

3　いかを取り出し、よく洗って水けをふき取る。

4　ポリ袋に**A**を入れて混ぜる。

5　**4**に**3**を入れ、まんべんなく粉をまぶす（a）。

6　170℃のサラダ油できつね色になるまで揚げ（b）、油をきる。

7　ソースの材料をすべて混ぜあわせて、添える。

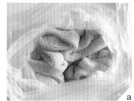
a

b

# ごはんもの & 粉もの

Pilavlar, Dolma, Sarma & Hamur İşleri

ごはんもの

# ブルグルのピラフ

Sade Bulgur Pilavı サーデ・ブルグル・ピラヴ

トルコでは、ブルグルのピラフは米のピラフと同じくらい親しまれています。
主食ではなく副菜やつけあわせとして、肉料理と一緒に楽しみます。

◆ 材料（4人分）

ブルグル（粗びき）— 170g
玉ねぎ（みじん切り）— 中½個
バター — 10g
オリーブオイル — 大さじ1
熱湯 — 400ml
塩 — 小さじ¾

◆ 作り方

1　浅めの鍋にバターとオリーブオイルを入れ、玉ねぎを中
　　火で炒める（a）。

2　玉ねぎがしんなりしてきたら、ブルグルを加えて炒めあわ
　　せる（b）。

3　塩を加えて軽く混ぜたら熱湯を注ぎ、ふたをして弱火で
　　15分ほど炊く。

4　ふたをしたまま15分ほど蒸らした後、ほぐすように混
　　ぜる。

◆ memo

もしピラフが余ったら、野菜などと一緒にレモン汁とオリーブオイルであ
えると、つぶつぶの食感が楽しいサラダとしても楽しめます。
丸粒のブルグル（Başbaşı Bulgar）を使用する場合は30分ほど炊いて
ください。

Part 3　ごはんもの＆粉もの

a

b

# ショートパスタ入り米のピラフ

## Şehriyeli Pirinç Pilavı シェヒリイェリ・ピリンチ・ピラヴ

トルコ語のピラウはピラフの語源ともいわれています。味つけは油と塩だけとシンプル。鍋で炊き上げます。

◆ 材料（4人分）

米（洗って水けをきる）― 200ml

熱湯 ― 350ml

リゾーニ ― 大さじ1½

サラダ油 ― 大さじ1

バター ― 10g

塩 ― 小さじ⅔

◆ 作り方

1 浅めの鍋にサラダ油とリゾーニを入れ、中火で3～4分ほど炒める（a）。

2 リゾーニが茶色く色づいたら、米とバターを入れて中火で炒めあわせる（b）。

3 バターが溶けて米がパラパラになってきたら塩を加えて軽く混ぜ、熱湯を注いでふたをし、弱火で12～13分ほど炊く。

4 ふたをしたまま10分ほど蒸らした後、ほぐすように混ぜる。

◆ memo

リゾーニとは米粒形のパスタで、トルコではピラフ以外にもスープやサラダにも使います。リゾーニなしで作る場合は油で米を炒めた後にバターと塩を加えます。

a

b

# 野菜入りブルグルピラフ

Sebzeli Bulgur Pilavı *セブゼリ・ブルグル・ピラヴ*

野菜がたっぷり入ったトマト風味のブルグルピラフです。そのままでも、肉料理のつけあわせとしても楽しめます。

◆ 材料（4人分）

ブルグル（粗びき）— 170 g

玉ねぎ（粗みじん切り）— 中⅓個

ピーマン（粗みじん切り）— 中1個

パプリカ（粗みじん切り）— 中⅓個

A｜なす（さいの目切り）— 中1本
　　トマト（皮をむいて1cm角切り）— 大½個
　　　＊トマト水煮缶100gで代用可
　　ズッキーニ（1cm角切り）— 中⅓本

サルチャ — 大さじ½
　＊トマトペーストで代用可

オリーブオイル — 大さじ1

バター — 10 g

熱湯 — 400 ml

塩 — 小さじ1

こしょう — 少々

プルビベル（または粗びき唐辛子）— 適宜

［※］1%の塩水は水1000mlに対して塩小さじ2

◆ 作り方

1　なすを1%ほどの塩水（分量外［※］）にひたして10分ほどあく抜きする。

2　浅めの鍋にオリーブオイルとバターを入れて熱して玉ねぎを中火で炒め、しんなりしたらピーマンとパプリカを加えて軽く炒める。

3　さらにAを加えて炒めたら、サルチャを加えてさらに炒める (a)。サルチャの香りが立ってきたらブルグルを加えて炒めあわせる。

4　塩、こしょうを加えて混ぜたら、熱湯を注いでふたをして弱火で18〜20分ほど炊く。

5　15分ほど蒸らした後、ほぐすように混ぜる。

a

# スパイス香る栗のピラフ

**Kestaneli Pilav** ケスターネリ・ピラウ

ごはんもの

トルコの年越しディナーでも食べられたりする、栗とドライフルーツとさまざまなスパイスが入った
ピラフ料理。ドライフルーツの甘みとスパイスの香りが肉料理とよく合います。

◆ 材料（4人分）

米（洗って水けをきる）— 200ml

市販のむき甘栗 — 200g

玉ねぎ（みじん切り）— 中½個

熱湯 — 450ml

オリーブオイル — 大さじ3

A｜レーズン — 30g
　｜カレンツ — 20g
　｜松の実 — 20g

B｜シナモンパウダー — 小さじ1
　｜パプリカパウダー — 小さじ1
　｜クミンパウダー — 小さじ1
　｜塩 — 小さじ1
　｜こしょう — 少々

ディル（みじん切り）— 3〜4本

◆ 作り方

1　浅めの鍋にオリーブオイルを入れて熱し、米を入れて中火で炒める。

2　米がパラパラになったら玉ねぎを入れてさらに炒め、玉ねぎの色がすきとおってきたら、**B**を加えて炒めあわせる。

3　栗と**A**を入れて軽く混ぜたら（a）、熱湯を注ぐ（b）。

4　ぐつぐつしたらふたをして、弱火で15分ほど、水分がなくなるまで炊く。

5　火を止め、ふたをしたまま10分ほど蒸したら、ディルを加え混ぜる。

◆ memo

レーズンなどのドライフルーツは乾燥したままの状態で加えます。栗を入れずに作ると、イチ・ピラウ（İç Pilav ＝松の実のピラフ）になります。その場合熱湯を400mlで作ってください。（P.80「スパイスピラフのいわし包み」で使用）

# スパイスピラフのいわし包み

## Hamsili Pilavı ハムスィリ・ピラヴ

トルコの冬の味覚かたくちいわしで、スパイスやドライフルーツ入りの香り豊かなピラフを
包んで焼き上げた料理。おもてなしにもぴったり。

◆ 材料（250mlの耐熱容器3個分）

イチ・ピラウ (P.78) ― 300g
かたくちいわし ― 500g
オリーブオイル ― 適量
レモン（半月切り）― 適宜
イタリアンパセリ ― 適宜

◆ 作り方

1 かたくちいわしの頭を手で折って取り、指で腹を開いて内蔵と背骨と尾びれを取りのぞく。流水で洗って、水けをふき取る。

2 オーブンを200℃に予熱する。

3 耐熱容器の内側にハケでオリーブオイルを塗り、1を皮面が外側になるよう、底面、側面にすき間なく並べる (a)。

4 ピラフをしっかり押しながら詰める (b)。

5 側面のいわしでピラフを包み (c)、上にもふたをするようにいわしをのせる (d)。

6 いわしの表面にオリーブオイルを塗って天板に並べ、天板に1cmほど水（分量外）を注ぐ。

7 200℃のオーブンで25分ほど焼く。上下をひっくり返し容器からはずして盛りつけ、好みでレモンとイタリアンパセリを添える。

◆ memo
ここでは1人用の容器で作っていますが、ホールケーキ用の大きな型で作ることもできます。

Part 3 ごはんもの＆粉もの

a　b　c　d

# ピーマンのドルマ

## Biber Dolması ビベル・ドルマス

ドルマと呼ばれる、野菜などにお米などを詰めた料理を代表する一品です。
トルコでは日本のピーマンによく似たぷっくりとしたドルマ用のピーマンで作ります。

### ◆ 材料（6個分）

ピーマン — 中6個

トマト（2cm角切り）— 大½個

A　米（洗って水けをきる）— 100ml

　　牛ひき肉または羊ひき肉 — 100g

　　玉ねぎ（みじん切り）— 中¼個

　　イタリアンパセリ（みじん切り）

　　　— 1本

　　オリーブオイル — 大さじ2

　　サルチャ — 大さじ½

　　　＊トマトペーストで代用可

　　塩 — 小さじ¾

　　こしょう — 小さじ¼

熱湯 — 300〜400ml

サルチャ — 大さじ½

　＊トマトペーストで代用可

プレーンヨーグルト — 適宜

### ◆ 作り方

1　ピーマンのヘタの部分をペティナイフなどでくり抜き、芯と種を取って、中をよく洗う（a）。

2　ボウルにAを入れてよく混ぜる。

3　1のピーマンに2を詰める。煮ると米がふくらむので、上部を1cmほどあけておく。

4　3にふたをするように皮面を上にしてトマトをのせる。

5　深さのある鍋に4を立てて並べる（b）。もしすき間ができる場合は、耐熱コップなどを入れてすき間を埋める。

6　サルチャを熱湯で溶き、ピーマンの半分くらいの高さまで5に注ぐ。

7　ふたをして強めの中火にかけ、沸騰したら弱火にして30分〜1時間ほど煮る（c）。

8　皿に盛り、好みでプレーンヨーグルトをかける。

### ◆ memo

上にのせるトマトはミニトマトを半分に切ったものでもOK。煮る時間は、小ぶりなピーマンなら30分強程度、かなり大きいピーマンなら1時間程度、などピーマンによって調整してください。

a

b

c

# キャベツのサルマ

## Lahana Sarması ラハナ・サルマス

サルマとは食材を包んだ料理のことで、キャベツのサルマはロールキャベツの元祖ともいわれています。
味つけした米を小さく細長い形に巻いて煮るのがトルコ流です。

◆ 材料（約50個分）

キャベツ ― 中1個

A 米（洗って水けをきる）― 200ml
　牛ひき肉または羊ひき肉 ― 200g
　玉ねぎ（みじん切り）― 中½個
　イタリアンパセリ（みじん切り）― 3本
　オリーブオイル ― 大さじ4
　サルチャ　　大さじ1
　　＊トマトペーストで代用可
　塩 ― 小さじ1½
　こしょう ― 小さじ½

B 熱湯 ― 600～700ml
　オリーブオイル ― 大さじ3
　サルチャ ― 大さじ1
　　＊トマトペーストで代用可
　塩 ― 小さじ1

◆ 作り方

1　キャベツの芯を包丁でくり抜く。鍋にたっぷりの湯（分量外）を沸かし、沸騰したらキャベツの芯の部分を下にしてまるごと入れ、3分ほどゆでたら、ひっくり返して2分ほどゆでる。葉をはがしながら1枚ずつ取り出して冷ます。

2　1を約7～8cm四方になるように切り分ける（a）（b）。芯が残っている場合は取りのぞいてとっておく。

3　Aをボウルに入れてよく混ぜる。

4　3を2の葉の端におき、くるくると巻く（c）。左右の端は閉じないので、端ギリギリまでは具を入れないようにする。

5　鍋底に2でとっておいたキャベツの芯を敷き、その上に4をすき間なく並べて重ねる。

6　Bをボウルなどに入れて溶け残りがないよう混ぜあわせ、5にひたひた程度まで注ぐ（d）。もし足りない場合は湯（分量外）を注ぎ足す。

7　落としぶたをして強めの中火にかけ、沸騰したら弱火にして、30～40分ほど煮る。

◆ memo

手順7で、もしキャベツの葉が余っていたら上にかぶせ、その上に落としぶたをのせてください。好みでレモン汁またはヨーグルトをかけて食べても美味。

 a
 b
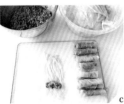 c
 d

# お手軽スィミット

## Milföy Simit ミルフォイ・スィミット

街角やパン屋など、トルコのいたるところで売られているリング形のごまつきパン。
本来は小麦粉とイーストで作りますが、市販のパイシートを使えば手軽に楽しめます。

◆ 材料（6個分）

冷凍パイシート（10×20cm）— 6枚

白チーズ（細かくほぐす）— 30g

  ＊フェタチーズで代用可

チョコスプレッド — 大さじ3

白ごま — 適量

水 — 大さじ2

ペクメズ — 大さじ1

  ＊はちみつで代用可

◆ 作り方

1 冷凍パイシートを常温にもどす。

2 ペクメズと水を混ぜる。はちみつを使う場合はぬるま湯を使うと溶けやすい。

3 オーブンを180℃に予熱する。

4 1のパイシートを、一回りほど大きくなるようにめん棒でのばす。

5 4のうち3枚に白チーズ、もう3枚にはチョコスプレッドを、それぞれ⅓量ずつのせる (a)。

6 白チーズやチョコスプレッドを包むように巻き (b)、手のひらで転がしながら25〜30cmほどにのばす。

7 6をねじり、端同士をしっかり押さえてリング状にする(c)。

8 7の全体を2にひたし、白ごまをまんべんなくつける。

9 天板にオーブンシートを敷いて8を並べ (d)、180℃のオーブンで30分ほど焼く。

◆ memo
パイシートはトルコで一般的な10×20cmサイズを使っていますが、手に入るサイズで同じように作ってください。

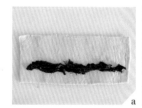

a    b    c    d

# お手軽トルコ風ピザ

**Milföy Pide** ミルフォイ・ピデ

トルコのピザは、トマトソースを使わず具材のみ。
舟形に成形して焼き上げるのが特徴です。市販のパイシートを使って簡単に作ります。

◆ 材料（長さ35cmほどのもの2個分）

冷凍パイシート（10×20cm）— 2枚

卵 — M玉2個

卵黄（溶きほぐす）— 1個分

A｜玉ねぎ — 中¼個
　｜トマト — 大½個
　｜　*トマトの水煮缶100gで代用可
　｜ピーマン — 中½個
　｜イタリアンパセリ — 2〜3本
　｜にんにく — 1片

B｜牛ひき肉または羊ひき肉 — 100g
　｜オリーブオイル — 大さじ1
　｜塩 — 小さじ1
　｜オレガノ — 小さじ½
　｜パプリカパウダー — 小さじ½
　｜プルビベル（または粗びき唐辛子）— 適宜
　｜こしょう — 少々

◆ 作り方

1　冷凍パイシートを常温にもどす。

2　**A**をすべてみじん切りにし、軽く水けをきる。スライサーやフードプロセッサーなどを使うと簡単。

3　ボウルに**2**と**B**を入れ、よく混ぜる。

4　オーブンを190℃に予熱する。

5　めん棒を使って**1**を縦35cmほど、横12〜13cmほどになるようのばす。

6　**5**に**3**を半量ずつのせて(a)、包むようにそれぞれ成形し、両端をねじるように閉じて舟の形にととのえる (b)(c)。

7　天板にオーブンシートを敷いて**6**を並べ、パイ生地部分に卵黄を塗る(d)。

8　190℃のオーブンで15分焼いたら一度取り出して中央に卵を割り入れる。

9　再びオーブンに入れて、卵の焼き加減をみながら10分ほど焼く。好みで刻んだイタリアンパセリ(分量外)を散らす。

◆ memo
大きさは天板のサイズに合わせています。ご自宅のオーブン天板のサイズに合わせて、適宜調整してください。卵は入れずに作ってもOK。その場合はオーブンから取り出さずに20〜25分ほど焼いてください。

a　b　c　d

Part 3 ごはんもの&粉もの

89

# マントゥ

## Mantı　マントゥ

シルクロードを経て伝わったといわれているトルコの小さな餃子マントゥ。
トルコでは一般的にゆでたものにヨーグルトソースをかけて食べます。

◆ 材料（4人分）

中力粉 ― 165g

溶き卵 ― M玉 ½個分

水 ― 50ml

塩 ― 小さじ1

A｜牛ひき肉または羊ひき肉
　　　（脂身の少ないもの）― 100g
　　玉ねぎ（細かいみじん切り）― 中⅙個
　　ドライミント ― 小さじ½
　　クミンパウダー ― 小さじ½
　　パプリカパウダー ― 小さじ½
　　塩 ― 小さじ½
　　こしょう ― 小さじ½

プルビベル（または粗びき唐辛子）― 適宜

ドライミント ― 適宜

［ヨーグルトソース］

プレーンヨーグルト ― 400g

にんにく（すりおろす）― 2片

塩 ― 小さじ⅔

［バターソース］

バター ― 50g

サルチャ ― 大さじ1

　＊トマトペーストで代用可

ドライミント ― 小さじ1

◆ 作り方

1　ボウルに中力粉と卵、塩を入れて軽く混ぜる。水を少しずつ注ぎながら、親指のつけ根あたりでしっかりこねる。まとまったら2つに分け、それぞれポリ袋に入れて（またはラップで包んで）15分ほど常温でやすませる。

2　別のボウルにAをすべて入れてよく混ぜる。

3　台と生地に打ち粉（分量外）をしながら、1をめん棒で直径30cmほどになるよう丸くのばす。

4　2cmほどの正方形を作るように、縦横に等間隔で切る（a）。あればピザカッターを使うと便利。

5　正方形の一つひとつに直径5mmほどの2をのせる（b）。

6　両手の親指と人差し指を使って四隅を合わせて閉じる（c）。閉じたものは重ならないように薄力粉（または中力粉／分量外）を軽く振ってバットなどにおく。

7　鍋に湯（分量外）を沸かし、6を中火で20分ほどゆでる（d）。

8　ソースを作る。ヨーグルトソースは材料をすべて混ぜあわせる。バターソースは、小鍋にバターを入れて中火にかけ、溶けたらサルチャとドライミントを加え炒めあわせる。

9　ゆで上がった7を湯きりして皿に盛り、たっぷりのヨーグルトソースとバターソースをかける。好みでプルビベルとドライミントをふる。

◆ memo

多少具がはみ出ても大丈夫なので、生地が乾燥する前に手早く包むのがポイントです。ゆっくり作業をしたい場合は、生地を2等分より細かく分けて、少しずつ作るのがおすすめ。ゆでる前のマントゥは冷凍保存も可能。食べる時は凍ったままゆでます。生地の切れ端はスープの具などに活用できます。

# お手軽ラフマージュン

Lahmacun　ラフマージュン

トルコで愛され続けているファストフードです。ピザのような薄生地にひき肉と野菜を混ぜたたねを
塗って焼き上げ、生野菜を巻いて食べます。トルティーヤを使えば簡単に作れます。

❦ 材料（3枚分）

フラワートルティーヤ（25cm）― 3枚

A ┌ ピーマン ― 中1個
　│ パプリカ ― 中⅓個
　│ イタリアンパセリ ― 2〜3本
　│ トマト ― 大½個
　│ 　*トマトの水煮缶100gで代用可
　│ 玉ねぎ ― 中⅓個
　└ にんにく ― 1片

B ┌ 牛ひき肉または羊ひき肉 ― 150g
　│ オリーブオイル ― 大さじ2
　│ サルチャ ― 小さじ2
　│ 　（もしくはサルチャ小さじ1と
　│ 　ビベルサルチャ小さじ1）
　│ 　*トマトペーストで代用可
　│ 塩 ― 小さじ1
　│ パプリカパウダー ― 小さじ½
　│ こしょう ― 小さじ¼
　└ プルビベル（または粗びき唐辛子）― 適宜

レタス（せん切り）― 適宜

トマト（薄い半月切り）― 適宜

イタリアンパセリ（ざく切り）― 適宜

レモン（くし形切り）― 適宜

❦ 作り方

1　オーブンを200℃に予熱する。

2　Aの野菜をすべて細かいみじん切りにする。スライサー
　やフードプロセッサーなどを使うとよい。野菜から出た水
　分も捨てずにおく。

3　ボウルに2とBを入れてよく混ぜる。

4　天板にオーブンシートを敷いてトルティーヤを1枚おき、
　表面に3の⅓量を端まで薄く塗りひろげる（a）。

5　オーブンの最上段に入れ、200℃で10分ほど焼く。2枚
　目以降も同様に焼く（b）。

6　そのままくるくる巻いたり、好みの大きさにカットしたりし
　て食べる。好みでレタスやトマト、イタリアンパセリなど
　をのせ（c）、レモンを搾って巻く。

❦ memo

焼いた直後はパリッとかためですが、時間が経つとしっとりやわらかく、
巻きやすくなります。アイラン（P.124）とよく合います。

a

b

c

Part 3　ごはんもの＆粉もの

# カイセリ風ミートソースのミルクレープ

**Kayseri Yağlaması** カイセリ・ヤーラマス

トルコ中央部カイセリの郷土料理。
薄焼き生地とミートソースを何層にも重ねた切り口が楽しい！ 本場では11層に仕上げます。

◆ 材料（4人分）

フラワートルティーヤ（15 cm）— 7枚

牛ひき肉または羊ひき肉 — 300 g

玉ねぎ（みじん切り）— 中⅔個

ピーマン — 中1個

トマト（皮をむいてみじん切り）— 大2個

　*トマトの水煮缶400 gで代用可

にんにく（みじん切り）— 2片

サルチャ — 大さじ1

　*トマトペーストで代用可

塩 — 小さじ1 ½

クミンパウダー — 小さじ1

こしょう — 少々

オリーブオイル — 適量

イタリアンパセリ（粗みじん切り）— 適宜

［ヨーグルトソース］

プレーンヨーグルト — 200 g

にんにく（すりおろし）— 1片

◆ 作り方

1　フライパンにオリーブオイルとにんにくを入れ、中火で炒める。香りが立ってきたら、玉ねぎを加えてしんなりするまで炒める。

2　牛ひき肉を加えさらに炒め、肉の色が変わったらサルチャを加えて炒める。

3　トマトと塩、こしょう、クミンパウダーを加え、弱火で10分ほど煮る。

4　トルティーヤの全体に**3**を大さじ3ほど塗り、トルティーヤを重ねる。それをくり返してミルクレープ状に重ね、いちばん上にも**3**を塗ったら好みでイタリアンパセリを散らす。

5　好みの大きさに切り分け、プレーンヨーグルトとにんにくを混ぜたソースをかける。

◆ memo

市販のミートソースを使えば、さらに手軽に。その場合はクミンパウダーを小さじ1ほど加えてあたためると、トルコ風の味わいに仕上がります。ピリ辛が好きな人はプルビベル（または粗びき唐辛子）を好みの量加えても。

# 軽食 & 朝食

Sokak Yemekleri & Kahvaltı

# クムピル

**Kumpir** クムピル

雑貨店やカフェが軒を連ねる若者に人気のエリア、イスタンブールのオルタキョイで生まれた
トルコを代表するB級グルメ。大きなベイクドポテトにさまざまなトッピングをのせて楽しみます。

◆ 材料（2個分）

じゃがいも — 大（3Lサイズ）2個

バター — 25g

塩 — 少々

ピザ用シュレッドチーズ — 60g

ケチャップ — 適宜

マヨネーズ — 適宜

[トッピング]

ソーセージ — 適宜

オリーブ（黒、緑）— 適宜

コーン（缶詰／ホールタイプ）— 適宜

きゅうりのピクルス（ガーキンス）— 適宜

パプリカ — 適宜

ミックスベジタブル — 適宜

ギリシャヨーグルト — 適宜

＊水きりしたプレーンヨーグルトで代用可

◆ 作り方

1　トッピングを準備する。ソーセージは輪切りにしてオリーブオイル（分量外）をひいたフライパンで軽く炒める。オリーブは種を取りのぞいて輪切り。コーンは水けを切る。きゅうりのピクルスは水けをきって輪切りに。パプリカは表面が焦げる程度まで焼いて皮をむき、ヘタと種を取りのぞいてさいの目切り。ミックスベジタブルはギリシャヨーグルトと混ぜる（a）。

2　オーブンを200℃に予熱する。

3　よく洗ってぬれたままのじゃがいもをラップでふんわりと包み、500Wの電子レンジで10分ほど、竹串がスッと通る程度まで、必ず1個ずつ加熱する。

4　ラップをはずしたじゃがいもを天板に並べ、200℃のオーブンで20分ほど焼く。

5　オーブンから取り出したじゃがいもにやや深めの切りこみを入れる。完全に切り離してしまわないように注意。

6　5にバターの半量ずつを入れ、じゃがいもの皮面を1cm程度残すように内側をそぐように混ぜる。マッシュポテトのようになめらかになったら、塩とチーズを加え、さらに練るように混ぜる（b）。

7　6の切りこみをさらに開いて中身を平らにし、好みのトッピングをのせる（c）。好みでケチャップとマヨネーズをかける。

◆ memo
きゅうりのピクルスはガーキンス（ガーキン）と呼ばれる小さいサイズのものを使っています。クムピル専門店のトッピングにはそのほか、サラミ、ビーツ、にんじんサラダ、コールスロー、マッシュルームソテー（P.35）、細びきブルグルのサラダ（P.40）なども。ハムやゆで卵なども合います。ご家庭にある食材でどうぞ。

a　　　　　　b　　　　　　c

# さばサンド

**Balık Ekmek** *バルック・エキメッキ*

イスタンブールのアジア側とヨーロッパ側を行き交う人びとや買いもの客で
常に活気にあふれているエミノニュ。そのエリアにある屋台舟で売られているものが有名です。

◆ 材料（2個分）

さば（3枚おろし）— 2枚

バゲット（さばのサイズに合わせて切る）— 2個

A｜レタス（細切り）— 2枚

　｜玉ねぎ（薄切り）— 中¼個

　｜トマト（薄いくし形切り）— 大¼個

　｜イタリアンパセリ（粗みじん切り）— 2〜3本

塩 — 少々

こしょう — 少々

オリーブオイル — 適量

レモン汁 — 大さじ1½

◆ 作り方

1　バゲットの横から切りこみを入れる。2つに切り離さないように注意。

2　さばに塩、こしょうをし、オリーブオイルをひいたフライパンで弱めの中火で火が通るまで両面を焼く（a）。小骨が残っていたら焼いた後に取りのぞく。

3　1に2とAをはさむ（b）。食べる時にレモン汁をかけ、好みで塩（分量外）をふる。

◆ memo

トルコでは同じ具材をトルティーヤで巻いたバルック・ドゥルム（Balık Dürüm）も人気。作る際は、焼いたさばを縦に2つに切ると巻きやすく食べやすいです。

a

b

a

b

# トルコ風チキンラップサンド

軽食

**Tavuk Dürüm** *ダヴック・ドゥルム*

ドゥルムはトルコで人気のファストフード。
ラヴァシュという薄焼きパンの代わりにトルティーヤを使ってご紹介します。

◆ 材料（2個分）

| | |
|---|---|
| フラワートルティーヤ（25cm）— 2枚 | ［マリネソース］ |
| 鶏もも肉 — 250g | オリーブオイル — 大さじ½ |
| A レタス（細切り）— 1〜2枚 | にんにく — 1片 |
| トマト（半月切り）— 大¼個 | プレーンヨーグルト — 大さじ1 |
| 赤玉ねぎ（または普通の玉ねぎ／薄切り）— 適量 | サルチャ — 大さじ½ |
| 市販のフライドポテト（表示通りに揚げる）— 適量 | ＊トマトペーストで代用可 |
| きゅうりのピクルス（ガーキンス／縦に薄切り）— 適量 | クミンパウダー — 小さじ½ |
| イタリアンパセリ（粗みじん切り）— 適量 | オレガノ — 小さじ½ |
| 塩 — 少々 | パプリカパウダー — 小さじ½ |
| こしょう — 少々 | 塩 — 小さじ½ |
| マヨネーズ — 適量 | こしょう — 少々 |
| ケチャップ — 適量 | プルビベル（または粗びき唐辛子）— 適宜 |

◆ 作り方

1　鶏もも肉を1cm幅に細長く切る。

2　バットやボウルに**1**とマリネソースの材料をすべて入れて混ぜる（a）。
　　冷蔵庫で2時間〜ひと晩ほどやすませる。

3　フライパンにオリーブオイル（分量外）をひいて熱し、**2**を強めの中火で4〜5分ほど焼く。

4　熱したフライパンでトルティーヤの両面を各30秒ほどあたためる。

5　トルティーヤにケチャップを塗って**3**と**A**をのせ、塩、こしょうをふる。
　　マヨネーズをかけてしっかりと巻く（b）。

# ぬれバーガー

**Islak Hamburger** ウスラック・ハムブルゲル

イスタンブールのタクシムという繁華街で生まれたB級グルメ。トマトソースをからめてスチームした、
日本のピザまんにも似たしっとり生地とジューシーなパティのコンビが絶妙。

#### 🍴 材料（2個分）

ハンバーガーバンズ（直径10cm程度）— 2個

A 牛ひき肉または羊ひき肉 — 120g
　玉ねぎ（みじん切り）— 中¼個
　微粉パン粉 — 大さじ1
　溶き卵 — M玉¼個分
　塩 — 小さじ¼
　こしょう — 少々

オリーブオイル — 適量

［トマトソース］

トマト — 大½個
　＊トマトの水煮缶100gで代用可
オリーブオイル — 大さじ1
にんにく（すりおろす）— 1片

B 水 — 大さじ4
　ケチャップ — 大さじ1
　砂糖 — 小さじ½
　塩 — 小さじ⅓
　こしょう — 少々

［つけあわせ］

フライドポテト — 適宜
きゅうりのピクルス（ガーキンス）— 適宜
ケチャップ — 適宜

#### 🍴 作り方

1　ボウルにAを入れ、よく混ぜる。ラップをかけ、冷蔵庫で1時間〜ひと晩ほどやすませる。

2　トマトソースを作る。トマトの皮をむき、フードプロセッサーや野菜カッターなどでピューレにする。

3　鍋にオリーブオイルとすりおろしたにんにくを入れて弱火で炒め、にんにくの香りが立ってきたら、2とBを入れる。沸騰したら、ふたをせずに中火で5分ほど、時おりかき混ぜながら煮る。

4　1を2等分にし、バンズと同じ大きさの薄い円に成形する。オリーブオイルをひいたフライパンで、中火で2分ほど焼き、ひっくり返したらふたをして弱火にし、さらに3分ほど、焦げ目がつく程度まで焼く。

5　蒸し器に湯を沸かす。

6　バンズを横半分に切り、下側のバンズ全体に3をからめてカットしたオーブンシートを敷いた蒸し器におく（a）。その上に4をのせ（b）、さらに上側のバンズにも3をからめてのせる（c）。

7　一度丸めたオーブンシートをひろげておおいかぶせ（d）、ふたをして中火で5分ほど蒸す。

#### 🍴 memo
パティと一緒にとろけるタイプのスライスチーズをはさむと、ぬれチーズバーガーに。

a　b　c　d

# メネメン

Menemen　メネメン

どの家庭にもある2つの野菜と卵だけですぐにできるトルコの定番家庭料理のひとつ。
朝食には卵を入れて、夕食には野菜だけで。卵はとじたり目玉だったり、食べかたいろいろ。

◆ 材料（2〜3人分）

トマト ― 大2個
ピーマン ― 中1個
卵 ― M玉1個 ( 目玉の場合は人数分)
オリーブオイル ― 大さじ1
塩 ― 小さじ½
ドライバジル（あれば）― 小さじ¼

◆ 作り方

1　トマトは皮をむいて1cm角に切る。ピーマンは縦半分に
　　切ってへたと種を取りのぞき、5mm幅に切る。

2　フライパンにオリーブオイルをひき、ピーマンを中火で
　　しんなりするまで炒める。

3　トマトを加えてさらに炒めたら (a)、塩とドライバジルを加
　　えて混ぜ、ふたをして弱火で3分ほど煮る。

4　卵でとじる場合は、卵を溶いて加えて2分ほど混ぜる (b)。
　　目玉の場合は卵を落とし入れ、ふたをして卵が好みのか
　　たさになるまで煮る (c)。

a　　　　b　　　　c

Part 4　軽食&朝食

# ソーセージのサルチャ炒め

Salçalı Sosis  サルチャル・ソスィス

トルコのアンネ（お母さん）が子どもの朝ごはんに作ることが多い料理です。
サルチャの濃厚なソースはパンにつけて食べたりも。

◆ 材料（4人分）

ソーセージ（5mm 輪切り）— 160g
　（ウインナーソーセージ8本程度／
　フランクフルトソーセージ2～3本）

水 — 100ml

オリーブオイル — 大さじ1

サルチャ — 大さじ1
　＊トマトペーストで代用可

オレガノ — 小さじ½

塩 — 少々

こしょう — 少々

◆ 作り方

1　フライパンに油をひいて熱し、ソーセージを入れ、表面
　に軽く焦げ目がつく程度まで中火で炒める。

2　サルチャを加えてさらに炒める。サルチャの香りが立って
　きたら水を加え、弱火にして時おり混ぜながら1～2分
　ほど煮る (a)。

3　汁けが少なくなってとろみが出てきたらオレガノを加え、
　塩、こしょうで味をととのえる。

◆ memo
子ども用には、我が家ではケチャップを少し足したり、最後にピザ用チー
ズをプラスしたりしています。

a

# ハーブ入りパンケーキ

**Kaygana** *カイガナ*

ハーブの香りがさわやかな、ほんのり塩味の薄焼きパンケーキです。
トルコ黒海地方で朝食や軽食として食べられています。

◆ 材料（直径24cm程度のもの3枚分）

A｜中力粉 ― 110g
　｜牛乳 ― 200ml
　｜卵 ― M玉4個
　｜塩 ― 小さじ½
B｜イタリアンパセリ（みじん切り） ― 5本
　｜ディル（みじん切り） ― 5本
　｜細ねぎ（みじん切り） ― 3〜4本
オリーブオイル ― 適量

◆ 作り方

1　ボウルにAを入れて混ぜあわせ、Bを加えてさらに混ぜる。

2　フライパンにオリーブオイルをひいて熱し、1をおたま3杯ほど流し入れて薄くひろげ、中火で焼く（a）。

3　生地のふちや表面が乾いてきたらひっくり返し、裏面も焼き色がつく程度まで焼く。

4　生地をそのつど混ぜながら、残りの生地も同様に焼く。

◆ memo
くるっと巻いたり、畳んだり、好みの大きさに切ったりしてどうぞ。トルコの朝ごはんでは、チーズやオリーブ、トマト、きゅうりなどと一緒に食べたりします。

a

Part 4　軽食＆朝食

トルコの朝食やおやつとして食べられる2種類の揚げパイ。
本来はユフカという小麦粉でできた極薄生地を使いますが、
春巻きの皮を使って手軽に作ります。

106

# シガラ・ボレイ

Sigara Böreği　シガラ・ボレイ

チーズ入りの揚げパイ。たばこのような細長い形から、シガラ(たばこ)・ボレイ(ペストリー)と呼ばれています。

### ◆ 材料 (15cm 程度のもの10本分 )

春巻きの皮 (19.5×19.5cm／半分に切る)
　— 5枚
白チーズ — 100g
　*フェタチーズで代用可
イタリアンパセリ (みじん切り) — 4〜5本
薄力粉 — 小さじ1
水 — 小さじ1
サラダ油 — 適量

### ◆ 作り方

1　白チーズを1cm 角に切り、ボウルにイタリアンパセリと一緒に入れて、ほぐすようによく混ぜる。
2　薄力粉と水を混ぜて水溶き小麦粉を作る。
3　春巻きの皮に1をのせ (a)、細長い形になるように端を閉じながら巻き (b)、2をつけて閉じる。
4　170℃の油で表面がきつね色になるまで揚げる。

# パチャンガ・ボレイ

Paçanga Böreği　パチャンガ・ボレイ

トルコではパストゥルマと呼ばれるパストラミビーフの元祖ともいわれている
干し肉と野菜を包んで揚げます。

### ◆ 材料 (10cm 程度のもの5個分)

春巻きの皮 (19.5×19.5cm) — 5枚
パストゥルマ (またはパストラミビーフ、
　　ベーコン、ハム、生ハムなど) — 40g
ピーマン (5mm 幅に切る) — 中1個
パプリカ (5mm 幅に切る) — 中¼個
トマト (皮をむいて薄い半月切り) — 大¼個
スライスチーズ (とろけるタイプ／半分に切る)
　— 2½枚
薄力粉 — 小さじ½
水 — 小さじ½
サラダ油 — 適量

### ◆ 作り方

1　フライパンに油をひいて熱し、ピーマンとパプリカを中火で炒める。しんなりしたら火を止めて冷ます。
2　パストゥルマを2cm 程度に切る。
3　薄力粉と水を混ぜて水溶き小麦粉を作る。
4　春巻きの皮に2、スライスチーズ、トマト、1をのせ (c)、春巻きの要領で包む (d)。3をつけて閉じる。
5　170℃の油で表面がきつね色になるまで揚げる。

Part 4 軽食&朝食

### ◆ memo
もしユフカが手に入る場合は、
2枚ほどを放射状に8等分して使います。

a

b

c

d

# トルコ風チーズフォンデュ

**Muhlama** ムフラマ

トルコ黒海地方の朝ごはんで食べられている料理です。
もちもちとした食感で、よくのびるのが特徴。

◆ 材料（4人分）

ピザ用シュレッドチーズ — 120g

水 — 200ml

コーンフラワー — 30g

　（またはコーンミール — 35g）

バター — 大さじ15g

塩 — 少々

バゲットなど好みのパン — 適宜

◆ 作り方

1　フライパン（フッ素樹脂加工のもの推奨）にバターを入れ、弱めの中火で熱する。バターが溶けたらコーンフラワーを加え、ヘラなどでよく混ぜながら炒める。

2　塩を入れてさらに炒めたら水を加え、よく混ぜる (a)。

3　水分がなくなりとろりとしてきたら、チーズを加え溶けるまで混ぜながら火を入れる (b)。

4　好みの大きさにちぎったパンにつけて食べる。

◆ memo
冷めて固まってきたら、大さじ1ほどの水を足して、あたためながら混ぜてのばしてください。

# スイーツ & ドリンク

Tatlılar & İçecekler

# お手軽バクラヴァ

スイーツ

## Milföy Baklava ミルフォイ・バクラヴァ

トルコ菓子の女王。何層にも重なったフィロ生地にピスタチオなどのナッツをはさんで焼き上げ、
シロップをしみこませた伝統菓子です。市販のパイシートを使って簡単に作ります。

◆ 材料（13.5×21.5cmの耐熱容器1台分）

冷凍パイシート（10×20cm）— 3枚

無塩バター — 40g

好みのナッツ（ピスタチオ、クルミ、
　　ヘーゼルナッツなど／粗く刻む）— 50g

ピスタチオパウダー — 適量

　　*細かく刻んだナッツで代用可

［シロップ］

砂糖 — 180g

水 — 200ml

スライスレモン — 1枚

◆ 作り方

1　冷凍パイシートを常温にもどす。

2　小鍋にシロップの材料をすべて入れて強めの中火にかけて混ぜる。沸騰したら弱火にして10分ほど煮て、火を止めて冷ます。

3　オーブンを190℃に予熱する。

4　1を耐熱容器のサイズに合わせてめん棒でのばす。

5　耐熱容器に4を1枚敷いて、その上にナッツを均等に敷きつめ（a）、さらに4を2枚重ねてのせる。

6　バターを湯せんやレンジなどにかけて溶かす。

7　6×4cmほどの長方形になるよう縦横に切り目を入れる（b）。いちばん下のパイシートまでしっかり切る。

8　6を7の全体にかけ、ハケなどで表面にまんべんなくのばす。

9　190℃のオーブンで30～40分ほど表面がきつね色になるまで焼く。

10　取り出して2～3分おいたら、全体に2のシロップをかける（c）。

11　常温で2時間ほどおき、ピスタチオパウダーをふる。

◆ memo
フィロとは、小麦粉で作られたイーストを含まない極薄生地。オスマン帝国の宮廷料理で、バクラヴァに使われたのがはじまりとされています。

a　　　　　b　　　　　c

# レモン風味のしっとりケーキ

Revani  レヴァニ

オスマン帝国の宮廷料理人によって作られたといわれている歴史あるスイーツ。
レモンの風味がさわやかな、しっとり食感の甘〜いケーキです。

◆ 材料 (13.5×21.5cmの耐熱容器1台分)

卵 (常温にもどす) ― M玉2個

砂糖 ― 90g

サラダ油 ― 100ml

ギリシャヨーグルト ― 100g

 ＊水きりしたプレーンヨーグルトで代用可

レモンの皮 (すりおろす) ― 1個分

A｜中力粉 ― 55g

 ｜セモリナ粉 (粗びき) ― 65g

 ｜バニラパウダー ― 小さじ½

 ｜ ＊バニラオイル数滴で代用可

 ｜ベーキングパウダー ― 5g

[シロップ]

砂糖 ― 180g

水 ― 300ml

レモン汁 ― 大さじ1

ピスタチオパウダー ― 適宜

ココナツファイン ― 適宜

スライスレモン ― 適宜

◆ 作り方

1 オーブンを180℃に予熱する。Aを合わせてふるっておく。

2 ボウルに卵と砂糖を入れ、白っぽくなるまで泡立てる。さらにサラダ油とギリシャヨーグルトを加えて泡立て器で混ぜる。

3 生地が混ざったら、Aを入れてヘラなどでさっくりと混ぜあわせ、レモンの皮を加え混ぜる (a)。

4 耐熱容器の内側全体に薄くハケなどでサラダ油 (分量外) を塗り、3を流し入れる (b)。容器を台の上に軽く数回落として気泡を消す。

5 180℃のオーブンで20〜25分ほど、表面がしっかり茶色く色づくまで焼く。

6 小鍋にシロップの材料をすべて入れ、強めの中火にかけて混ぜる。沸騰したら弱火にし、5分ほど煮る。

7 5が焼き上がったら竹串などを生地に数か所刺して小さな穴を開け、シロップを少しずつやさしく注ぐ (c)。常温で2時間ほどやすませる。

8 シロップが生地にしっかりしみて粗熱がとれたら、食べやすい大きさにカットし、好みでココナツファインやピスタチオパウダー、カットしたスライスレモンを飾る。

◆ memo

バニラパウダーの代わりにバニラオイルを使う場合は、手順3でレモンの皮と一緒に生地に入れてください。手順7でシロップを勢いよく注ぐと、表面の焼き目がはがれてしまうことがあるので注意。レモンの代わりにオレンジを使ってもおいしく作れます。

Part 5　スイーツ&ドリンク

a

b

c

# モザイクケーキ

## Mozaik Pasta  モザイク・パスタ

大手コーヒー店のメニューにもあるほどトルコではポピュラー。
モザイクのような切り口が楽しく、子どもでも作りやすい一品。

◆ 材料（10×10cm程度のもの1台分）

プレーンビスケット（大きめに砕く）— 170g
牛乳 — 100ml
無塩バター — 60g
ビターチョコレート — 50g
くるみ（粗めに砕く）— 30g
ココアパウダー — 大さじ1½
砂糖 — 大さじ1½

◆ 作り方

1　鍋にバターを入れて弱火にかけて溶かす。

2　牛乳とココアパウダーを入れて混ぜながら弱火であたため、砂糖を入れてさらに混ぜながらあたためる。

3　ビターチョコレートを溶けやすい大きさに割って入れて混ぜ、溶けたら火を止める。

4　ビスケットとくるみを入れ、混ぜる（a）。

5　ひろげたラップの上に4をのせ、ラップで包みながら断面が一辺10cmほど、長さが10cmほどの三角柱になるよう成形する（b）。

6　冷凍庫に入れ3時間ほどおく。食べる際に好みの幅にカットする。

◆ memo

手順5で成形がうまくいかない場合は、ラップである程度の形に包んだものを20分ほど冷凍庫に入れて固めた後に、取り出して形をととのえて再び冷凍庫に入れて冷やし固めます。くるみ以外のナッツやドライフルーツを加えると切り口がさらに華やかに楽しくなります。

a

b

# トルコ風かぼちゃの甘煮

**Kabak Tatlısı** *カバック・タトゥルス*

トルコではかぼちゃの煮物はスイーツ。
タヒニという中東の白ごまペーストやカイマクというクロテッドクリームを添えて食べます。

◆ 材料（3人分）

かぼちゃ ― 中¼個（約400g）

砂糖 ― 140g

タヒニ ― 適宜

　*白練りごまや芝麻醬（チーマージャン）で代用可

カイマク ― 適宜

　*クロテッドクリームで代用可

好みのナッツ

　（くるみやヘーゼルナッツなど）― 適宜

◆ 作り方

1　かぼちゃの種とワタを取り、皮をむいて洗う。厚さ3cm程度になるよう切り分け、鍋に並べる。

2　グラニュー糖を全体にかけ（a）、ふたをしてそのまま砂糖が溶けてかぼちゃから水分が出るまで3時間～ひと晩おく。

3　ふたをしたまま弱火にかける。裏返したり混ぜたりせず40分ほど煮る。

4　ふたを取り、さらに弱火で10分ほど煮る（b）。

5　火を止め、ふたをしたまま常温になるまでおく。

6　皿に盛り、好みでタヒニと粗く刻んだナッツをかけたり、カイマクを添えたりする。

Part 5　スイーツ＆ドリンク

# ぬれクッキー

**Islak Kurabiye** *ウスラック・クラビエ*

ブラウニークッキーとも呼ばれている、しっとりとした食感のココアクッキー。
紅茶にもコーヒーにも、どちらとも相性抜群のスイーツです。

## ◆ 材料（直径3～4cmほどのもの15～17個分）

A｜中力粉 ― 165g
　｜ベーキングパウダー ― 5g
　｜バニラパウダー ― 小さじ½
　｜　*バニラオイル数滴で代用可

B｜砂糖 ― 45g
　｜無塩バター（常温にもどす）― 60g
　｜溶き卵 ― M玉⅓個分
　｜サラダ油 ― 50ml

ココアパウダー ― 大さじ1½

［シロップ］
砂糖 ― 90g
水 ― 100ml

ココナツファイン ― 適宜
ピスタチオパウダー ― 適宜

## ◆ 作り方

1　シロップを作る。小鍋に砂糖と水を入れて強めの中火にかけて混ぜる。沸騰したら弱火にし、5分ほど煮る。

2　ボウルにBを入れて泡立て器でよく混ぜ、さらにココアパウダーを加えて混ぜる。

3　Aを加えて混ぜ、まとめる。

4　オーブンを170℃に予熱する。

5　3を3～4cmほどのボール状に丸め、中央を指で軽く押して、わずかに平らにする。

6　オーブンシートを敷いた天板に並べ（a）、170℃のオーブンで20分ほど焼く（b）。

7　6を熱いうちに1のシロップにさっと両面くぐらせて、皿などにあげる（c）。あまり長時間ひたすとくずれるので注意。

8　粗熱がとれたら好みでココナツファインやピスタチオパウダーをふる。

## ◆ memo

できたてよりも、しばらく時間をおいたほうが、より生地に甘さがなじみ、しっとり感も出ておいしくなります。

a　　b　　c

# 塩クッキー4種

Kandil Simidi カンディル・スィミディ
Çatal Kurabiye チャタル・クラビイェ
Tuzlu Kurabiye トゥズル・クラビイェ（2種）

トルコでは甘くない塩味のクッキーも人気。チャイやアイラン（p.124）とよく合います。
ひとつの生地から4種類の塩味クッキーを作ります。

## ◆ 材料（16個分／4種類×4個ずつ）

中力粉 — 175g

A｜無塩バター（常温にもどす）— 60g
　｜卵白 — S玉1個分
　｜サラダ油 — 大さじ2
　｜ギリシャヨーグルト — 大さじ1
　｜　＊水きりしたプレーンヨーグルトで代用可
　｜ぶどう酢またはりんご酢（無糖）— 大さじ½
　｜　＊穀物酢で代用可
　｜砂糖　小さじ2
　｜ベーキングパウダー — 小さじ½
　｜マハレブ（あれば）— 小さじ1
　｜塩 — 小さじ½

卵（卵黄と卵白に分ける）— S玉1個

白ごま — 適量

ブラッククミンシード — 適量
　＊黒ごまで代用可

## ◆ 作り方

1　ボウルにAをすべて入れてよく混ぜる。

2　中力粉を加えて混ぜ、まとめる（a）。

3　オーブンを180℃に予熱する。

4　2の生地を4等分し、さらにそれぞれを4等分する。

5　等分した1つを、それぞれ20cmくらいのひも状にのばす。

6　4種類の形に成形し、オーブンシートを敷いた天板に並べる（b）（c）。

1）端をつないでリング状にし、卵白を全体にからめて、表面に白ごまをつける。［カンディル・スィミディ］

2）端をつないで、内側の開いた葉っぱの形にととのえる。ハケで表面に卵黄を塗り、フォークの先端で表面に縦じま模様をつけ、ブラッククミンシードをまぶす。［チャタル・クラビイェ］

3）半分に折り、ねじりはちまきのようにねじる。表面にハケで卵黄を塗り、白ごまとブラッククミンシードをまぶす。［トゥズル・クラビイェ］

4）中央から左右を逆の方向にうずまき状にする。ハケで表面に卵黄を塗り、白ごまとブラッククミンシードをまぶす。［トゥズル・クラビイェ］

7　180℃のオーブンで20分ほど焼く。

## ◆ memo

マハレブとはサクランボの一種で、その種子を粉末状にしたものはビターなアーモンドを思わせる風味があり、中東ではペストリーなどのスパイスとして使われます。これが入ると断然トルコの味になるのですが、日本では入手しづらいので、入れずに作っても構いません。

a

b

c

# アイスクリーム入りヘルヴァ

スイーツ

Dondurmalı İrmik Helvası　ドンドゥルマル・イルミック・ヘルヴァス

炒ったセモリナ粉の香ばしい香りとねっとりとした食感が、
どこか和菓子を思い起こさせる伝統的なスイーツです。アイスクリームと一緒に食べる人気のスタイルで。

◆ 材料（3〜4人分）

セモリナ粉（粗びき）― 130g

牛乳 ― 200ml

水 ― 100ml

砂糖 ― 180g

無塩バター ― 80g

サラダ油 ― 大さじ2

薄力粉 ― 大さじ1

ミルクアイスクリーム ― 適量

好みのナッツ（クルミ、ヘーゼルナッツ、
　ピスタチオなど）― 適宜

シナモンパウダー ― 適宜

チョコレートソース ― 適宜

◆ 作り方

1　浅い鍋またはフライパンにバターと油を入れ、弱火にかけて溶かす。

2　セモリナ粉を入れ（a）、ヘラなどでかき混ぜたら、薄力粉を加え、混ぜながら弱火で20分ほど炒める。

3　茶色くなり、香ばしい香りがしてきたら、砂糖を入れて2分ほど炒めあわせる。さらに牛乳と水を入れて5分ほど混ぜながら煮る（b）。

4　表面に気泡が出て水分がなくなり、まとまってきたら、ふたをして火を止める。30分ほどおいてからふたを開けて混ぜ、再びふたをして常温になるまで冷ます。

5　茶わん大の器にラップを敷き、4を入れて器の側面に沿って薄くのばす。

6　アイスクリームを入れて、さらに4でふたをするようにおおう（c）。ひっくり返して皿にあけ、ラップをはがす。好みで刻んだナッツやシナモンパウダー、チョコレートソースなどをかける。

◆ memo
手順3で水や牛乳を入れる際、飛び散る場合があるので注意してください。温かいヘルヴァをそのまま食べたりもします。また、トルコでは松の実を入れて作ったりもします。その場合は手順2で薄力粉と一緒に松の実10gを入れて炒めます。

a

b

c

# トルコ風ミルクプリン

## Muhallebi  ムハッレビ

焼いたり蒸したりしないトルコの昔ながらのミルクプリンに、
卵やバニラを加えて、カスタードのような味わいの現代風プリンにアレンジしました。

◆ 材料（250mlの器3個分）

A｜牛乳 ― 500ml
　｜砂糖 ― 90g
　｜薄力粉 ― 大さじ1½
　｜卵黄 ― M玉1個分
　｜浮き粉 ― 大さじ1
　｜　＊コーンスターチで代用可

無塩バター ― 5g

バニラパウダー ― 小さじ½
　＊バニラオイルや
　バニラエッセンス数滴で代用可

シナモンパウダー ― 適宜

◆ 作り方

1　鍋にAを入れて、泡立て器でしっかり混ぜる。

2　強めの中火にかけ、ヘラなどで混ぜ続けながら、10分ほど気泡ととろみが出てくるまで煮る（a）。

3　さらに1分ほど煮たら火を止め、バターとバニラパウダーを加えてよく混ぜる。

4　熱いうちに器に流し入れ、粗熱がとれたら冷蔵庫で2～3時間ほど冷やす。

5　好みでシナモンパウダーをふる。

◆ memo
手順3で一緒にタヒニ75mlを加えると、ごまのムハッレビになります。
完成したものにはタヒニやペクメズ、刻んだナッツなどをかけてどうぞ。
黒みつも合います。

a

Part 5　スイーツ＆ドリンク

# アイラン／ミント入りアイラン

**Ayran** アイラン

**Naneli Ayran** ナーネリ・アイラン

トルコのソウルドリンクともいえるくらい、日常的に飲まれている塩味のヨーグルトドリンク。
ミントを加えるとさわやかで清涼感たっぷりな一杯に。夏バテにも効きます。

◆ 材料（500ml分）

［アイラン］

ギリシャヨーグルト ― 200g

　＊水きりしたプレーンヨーグルトで代用可

水 ― 300ml

塩 ― 小さじ½

［ミント入りアイラン］

アイランの材料

　　＋

フレッシュスペアミントの葉

　― 10枚ほど（2本分程度）

　＊ドライミント小さじ¼で代用可

◆ 作り方

ボウルや器に材料をすべて入れ、泡立て器やハンドブレンダーなどで、なめらかになるまでしっかり混ぜる。ミキサーにかけてもOK。ミント入りの場合は、好みでミントの葉（分量外）を添える。

◆ memo

ミント入りの場合は、ハンドブレンダーまたはミキサーを使ってください（ドライミントで代用する場合は泡立て器で可）。

# リモナタ

**Limonata**　リモナタ

リモナタ＝レモネードはトルコのいたるところで買ったり飲んだりできる人気のドリンク。
簡単にできるので家庭で手作りもします。

◆ 材料（300ml分）

レモン — 大1個（約170g）
水 — 200ml
砂糖 — 25g
フレッシュスペアミントの葉
　　— 5枚ほど（1本分程度）

◆ 作り方

1　レモンをよく洗い、皮の黄色い部分をすりおろす。果肉
　は搾る。
2　**1**の皮に砂糖とミントの葉をちぎって加え、しっとりまとま
　るまで混ぜる（**a**）。さらに**1**の搾り汁を加えて混ぜる。
3　水を加えてさらに混ぜ、2時間ほど冷蔵庫でやすませる。
4　こし器やザルなどでこし、グラスに注ぐ。好みでスライス
　レモンやミントの葉（いずれも分量外）を添える。

◆ memo
飲むまでに時間が経って分離した場合も再度混ぜればOK。トルコでは、
子ども向けにはオレンジの果汁を足して、より甘く飲みやすくしたりも。

a

# 主な食材別 INDEX

*その料理の主要な具材となっているものを取り上げています。調味料やスパイス、ハーブなどや
　調味料的に使用するものや好みで入れるもの、つけあわせなどについては割愛しています。
*多くの料理に使われている玉ねぎとにんにくについては割愛しました。
*カッコ内は日本で作る場合の代用食材です。

**青砥ミキ　Miki Aoto**

宮城県生まれ。都内の大学を卒業後、株式会社リクルートにてフリーペーパーの企画営業と編集に携わる。その後ルフトハンザドイツ航空に客室乗務員として入社し、13年間在籍。ドイツで暮らしながら日本―ドイツ間路線に乗務する。結婚を期にトルコ・イスタンブールに移住。現在も同地に暮らし、双子の育児に日々奮闘しながら、現地で覚えたトルコ料理のレシピをSNSで発信中。
Instagram @istanbul_shokudo

文・写真　　青砥ミキ
デザイン　　塚田佳奈(ME&MIRACO)
校正　　　　坪井美穂
編集　　　　西村 薫

うちで作れる
## やさしいトルコごはん

2024年 5月30日 初版第 1 刷発行

著者　　　青砥ミキ
発行人　　山手章弘
発行所　　イカロス出版株式会社
　　　　　〒101-0051 東京都千代田区神田神保町1-105
　　　　　book1@ikaros.jp(内容に関するお問合せ)
　　　　　sales@ikaros.co.jp(乱丁・落丁、書店・取次様からのお問合せ)

印刷・製本所　図書印刷株式会社